本书受国家社科基金重大项目"网络金融犯罪综合治理研究（17ZDA147）"和"西安交通大学人文社会科学学术著作出版基金"资助

网络金融犯罪综合治理效果评价

张成虎　武博华　著

中国金融出版社

责任编辑：石　坚
责任校对：潘　洁
责任印制：陈晓川

图书在版编目（CIP）数据

网络金融犯罪综合治理效果评价／张成虎，武博华著 . —北京：中国金融出版社，2021.6
ISBN 978-7-5220-1176-9

Ⅰ.①网…　Ⅱ.①张…　②武…　Ⅲ.①金融网络—计算机犯罪—综合治理—研究—中国　Ⅳ.①D924.364

中国版本图书馆 CIP 数据核字（2021）第 105195 号

网络金融犯罪综合治理效果评价
WANGLUO JINRONG FANZUI ZONGHE ZHILI XIAOGUO PINGJIA
出版
发行　中国金融出版社

社址　北京市丰台区益泽路 2 号
市场开发部　（010）66024766，63805472，63439533（传真）
网上书店　http：//cfph.cn
　　　　　　（010）66024766，63372837（传真）
读者服务部　（010）66070833，62568380
邮编　100071
经销　新华书店
印刷　北京九州迅驰传媒文化有限公司
尺寸　185 毫米×260 毫米
印张　10.25
字数　190 千
版次　2021 年 6 月第 1 版
印次　2021 年 6 月第 1 次印刷
定价　58.00 元
ISBN ISBN 978-7-5220-1176-9
如出现印装错误本社负责调换　联系电话(010)63263947

前　言

　　网络金融以其低成本、高效率、普惠化的特点在我国迅速发展，已成为我国金融系统的重要组成部分和推动经济转型与普惠金融发展、支持创新创业的重要力量。与此同时，我国网络金融发展初期的粗放式与爆炸式增长所掩盖的制度漏洞与监管缺位在外部系统性风险的强烈冲击下，风险不断积累并扩散，滋生了网络金融违法犯罪行为，严重危害人民群众的切身利益、家庭幸福和财产安全，破坏国家的金融秩序和金融安全，侵蚀我国改革开放所积累的红利，影响人民群众对各级政府的公信力和社会稳定，引起各级政府的高度重视，对其进行有效治理已经成为全社会的共识。然而，网络金融犯罪具有的犯罪主体专业性、犯罪手段复杂性与犯罪后果严重等特征，采用传统的治理手段已经难以奏效，必须动员社会各界、采取各种手段和措施进行综合治理。其中，网络金融犯罪综合治理效果评价，作为网络金融犯罪综合治理的重要环节和主要内容，是反映现有网络金融犯罪综合治理效果，指导未来网络金融犯罪综合治理方向的关键。因此，结合中国网络金融犯罪现状与网络金融犯罪综合治理实践，深入分析我国网络金融犯罪综合治理效果的影响因素，构建我国网络金融犯罪综合治理效果评价指标体系，对于完善我国网络金融犯罪综合治理体系，推进我国网络金融犯罪综合治理工作的不断深化，提高网络金融犯罪综合治理水平具有重要的理论与现实意义。

　　本书首先采用多中心治理理论，识别我国网络金融犯罪综合治理的主体。利用利益相关者理论对治理主体进行层级划分，根据治理主体隶属的层级提出不同层级治理主体影响网络金融犯罪综合治理效果的影响机理，归纳影响因素，提出研究假设，构建我国网络金融犯罪综合治理效果评价的概念模型。其次，针对筛选出的众多影响网络金融犯罪综合治理效果的因素，设计调查问卷，以熟悉我国网络金融犯罪综合治理的专家与随机社会公众为调查对象，收集需要的研究数据，利用结构方程模型对研究假设进行实证检验。再次，结合我国网络金融犯罪综合治理实践，分别构建了我国网络金融犯罪综合治理效果专家评价与公众评价指标体系，利用相关实例对构建的指标体系进行了检验。最后，提出提高我国网络金融犯罪综合治理效果的政策建议。

西安交通大学经济与金融学院网络金融研究团队从20世纪90年代后期开始关注、研究和实践互网络金融，见证了我国网络金融从产生、发展到普及的各个阶段、各种业态和各种风险及其监管实践。研究团队先后获得国家社科基金规划项目：互联网金融信用风险的动态识别、评价与防范研究（14BJY194）、互联网金融促进小微企业融资的机制、效应与对策研究（14CJY071）；国家社科基金重点项目：互联网金融风险监管研究：理论、制度与方法（14AZD033）和国家社科基金重大项目：网络金融犯罪的综合治理研究（17ZDA147）。本书是张成虎教授作为首席专家主持的国家社科基金重大项目——网络金融犯罪的综合治理研究的阶段性成果。各章节的撰写分工：第1章、第3章、第4章由张成虎撰写；第2章由武博华和西北政法大学路思祺撰写；第5章由西北政法大学路思祺撰写；第6章、第7章由武博华撰写；第8章由张成虎、武博华撰写。博士研究生刘杰、武佳琪、刘鑫、王琪、李鹏旭、刁辉波、纪睿智、赵伟霖，硕士研究生严一新、范灵瑜、由琳恬、牟晶、董若涵、赵佳睿、霍琳、张慧宁为本书参考文献的整理、相关模型的构建、相关内容的完善、图表的绘制，调查问卷的发放、回收及数据处理等做了大量工作。中国人民银行济南分行的冯怡，也为本书相关资料的收集与整理及部分内容的完善做了大量工作，在此，对他们为本书出版所付出的辛勤劳动表示衷心的感谢。

本书在撰写过程中，参考了大量国内外相关研究成果，在此对涉及的所有专家和学者表示衷心的感谢。本书出版得到中国金融出版社石坚编辑的大力支持，没有他认真负责的精神和催促，本书不可能按时出版，对此，向石编辑表示深深的谢意。

由于时间仓促，本书难免有谬误之处，敬请读者指正。

目　　录

1 绪 论

网络金融犯罪综合治理是一项重大的国家战略，网络金融犯罪综合治理效果关乎我国金融的健康发展，社会经济的长期稳定繁荣。其中，网络金融犯罪综合治理效果评价作为能够直接反映网络金融犯罪综合治理效果的重要环节，是决定我国网络金融犯罪综合治理成败的关键。我国网络金融犯罪综合治理尚处于初级阶段，目前缺乏一套针对网络金融犯罪综合治理效果评价的方法与工具。在日益猖獗的网络金融犯罪活动与"与时俱进"的犯罪方法倒逼下，我国网络金融犯罪综合治理面临更为严峻的现实挑战。针对我国网络金融犯罪综合治理效果评价问题，本书系统研究了我国网络金融犯罪综合治理主体，分析网络金融犯罪综合治理效果的影响因素，剖析这些影响因素对我国网络金融犯罪综合治理效果的影响路径与影响效应。在此基础上，构建我国网络金融犯罪综合治理效果评价指标体系，提出提高我国网络金融犯罪综合治理效果的政策建议，为提升我国网络金融犯罪综合治理效果提供理论依据与操作工具。

1.1 研究背景

20世纪中期，伴随着信息技术的全面起步，整个社会经历了第三次工业革命，也称为信息技术革命的洗礼。社会的各种结构和规则都在这次革命中被重新塑造，以适应新时代的要求。作为现代经济核心的金融业，也不免被信息技术革命浪潮所裹挟，为提供符合社会需求的产品与服务而不断演变。在全面信息技术革命催生下所产生的现代金融业，经历了从20世纪末到21世纪初的不断发展，逐渐完成了包括交易媒介转变——"从物理形式的纸币形态向虚拟形式的网络货币形态"；交易中介转变——"从物理形式的实体金融机构到虚拟形式的网上金融机构"；交易模式转变——"从传统金融服务中'人'对'人'的服务形式到现代金融服务中'人'对'机'"等一系列脱胎换骨的转变，逐渐分化出集传统金融业与网络技术互相融合的产物——网络金融。

（1）我国网络金融迅速发展

网络金融的诞生无疑是现代金融业产品与服务成熟的标志。以银行、证券以及保险在内的金融机构纷纷将自身业务迁移到互联网上，利用互联网快捷、成本低廉以及方便的特征，在积极拓展传统金融业务的网络化时，逐渐形成了以网络银行、网络证券以及网络保险在内的新型网络金融服务模式。这些创新型服务模式为现代金融业拓展市场、节约成本、提高效率奠定了基础性的第一步。其中，以 1995 年 10 月诞生于美国纽约的世界第一家网络银行——安全第一网络银行（Security First Network Bank，SFNB）为代表，正式拉开了传统金融业进军网络的浪潮。

伴随着信息技术的持续革新，现代金融业并不满足于已有的现状，进一步吸纳互联网信息技术的创新成果已成为各大金融机构的共识。二者在已有结合的基础上持续深化、不断创新，形成了概念与边界更为广泛的互联网金融。互联网金融相较于网络金融的区别，不仅在于能够提供更多元化的产品与便捷化的服务，更重要的是将"互联网精神"的基因镌刻在现代金融业发展的血液中。"互联网精神"的核心为互联网金融带来了以开放、共享、平等、自由等为代表的新一代价值观念，也指明了我国现代金融业的发展将向简便化、去中介化的方向加速发力。

随着信息技术的快速发展，尤其在 2010 年之后，我国互联网金融的高速发展对已有的网络银行、网络证券与网络保险在内的金融网络化产物产生了直接的冲击。基于残酷竞争现实的倒逼，银行、证券与保险在内的金融机构纷纷拥抱互联网思维创新已有的金融业务，产生了以互联网银行、互联网证券与互联网保险为代表的新一轮金融互联网化的产物。

以互联网银行为主，目前我国排名前列的互联网银行包括微众银行、网商银行、新网银行与苏宁银行等。其中，以腾讯牵头成立的微众银行发展最为迅速。微众银行成立于 2014 年 12 月，根据其 2018 年的年度报告，微众银行在 2018 年的资产总额为 2200.37 亿元，同比增速 169%；2018 年的营业收入为 100.3 亿元，同比增速 48.84%；2018 年的净利润为 24.74 亿元，同比增速 70.86%[①]。在经济下行压力尤为显著的 2018 年，微众银行的各项指标增速与大部分传统银行相比丝毫不逊色。

与此同时，电商平台、IT 企业、金融信息服务企业等的加入也为互联网金融的发展带来了新鲜的血液和活力。在以移动互联网、云计算、大数据、人工智能、区块链为代表的全新信息技术大规模运用的背景下，逐渐催生出一批包括第三方支付、网络借贷、股权众筹、互联网消费金融、互联网供应链金融等在内，涵盖了互联网虚拟经济自发形成的新的金融服务业态及这种新业态所催生的衍生业态。这些业态的产生不仅为我国经济的发展增添了诸多活力，也为现代金融业能够不断推出更切合社会公众多样化需求的金融产品创造了可能。

---

① 微众银行 2018 年年度报告。

（2）网络金融犯罪不断爆发，社会危害不断蔓延

网络金融，或者使用更为大众熟知的互联网金融这一称谓，在取得光鲜成就的背后，各种违法乱纪活动的丛生也引起社会的极大关注。其中，e租宝以高利息为诱饵，建立了大型网络借贷平台实施庞氏骗局①；中晋系［国太投资控股（集团）有限公司］假借私募股权基金，以高利息为诱饵实施集资诈骗②；上海快鹿投资（集团）有限公司，因其旗下金鹿财行与当天财富两家平台出现兑付危机而最终东窗事发，被认定为传销组织③。这些互联网造富造星的背后，虽然迸发出许多高估值的独角兽公司，但不可否认，也为许多犯罪行为的产生创造了可乘之机。

网络金融根植于成熟的信息技术，尤其以移动互联网、大数据、云计算、人工智能、区块链等为代表的信息技术的大力发展，打破了传统金融交易中对物理地域与时空的限制，极大提高了现代金融交易的效率，降低了金融服务的成本。但与此同时，网络金融自身的风险一旦被犯罪分子利用实施犯罪行为，必然会带来严重的社会危害。以涉融资类犯罪案件为例，该类犯罪是网络金融犯罪中的主要犯罪类型，具有严重的社会危害性。涉融资类案件罪名包括非法吸收公众存款罪与集资诈骗罪。这类犯罪具有涉案人员多与涉案金额大的特点。以曾经轰动一时的"东方创投"案件为例，2013年，由邓某出资成立了深圳市誉东方投资管理有限公司，该公司自成立伊始便在网络上创建了以"东方创投"为名的网上投资平台，该平台采取当时正野蛮生长的P2P网络借贷模式，以高息为诱饵借机吸收公众存款，再由邓某进行其他领域投资。该公司从成立到未能兑付投资人收益，产生兑付危机仅3个月时间，但是却非法吸收公众存款达1.2亿多元人民币。

以"东方创投"案为例的非法吸收公众存款类案件，之所以能够在较短的时间内获取巨额的非法收益，关键在于该类犯罪利用了网络金融交易便捷的特性，使犯罪人员得以在短时间内面对不特定的社会公众进行资金募集，产生了严重的社会危害。该类犯罪案件的特征除了涉及巨额的非法收益，还牵涉众多的受害人员。一旦相关职能部门在处理该类犯罪案件时稍有疏漏，便会引发群体性事件的风险，诱发社会动荡，严重的话会损害政府公信力。

除此之外，在现实的司法实践中，网络金融犯罪案件产生的风险并非仅与P2P

① e租宝，全称北京金易融网络科技有限公司，成立于2014年。2015年，e租宝及其关联公司涉嫌犯罪被立案调查。2016年，相关负责人因涉嫌非法吸收公众存款与集资诈骗被北京检察机关批准逮捕。
② 国太集团非法集资共计400亿余元，其中绝大多数非法获取资金被该集团消耗、挥霍与还本付息、支付高额佣金、租赁豪华办公场地、购买豪车、豪华旅游、广告宣传等。在此案被查获时，未兑付的本金共计48亿余元，案件最终涉及1.2万余名集资参与人。
③ 上海快鹿投资（集团）有限公司因利用互联网与P2P实施非法集资，最终涉案金额达434亿元，造成经济损失152亿元，涉及未完全兑付的被害人达4万余人。

网络借贷相关。如果将网络金融各种新兴业态比喻为金字塔中的各层,其中 P2P 网络借贷、众筹融资等为该金字塔的最底层;中间层由囊括电子商务、货币基金及网络证券等业务组成;而最顶层的金字塔塔尖为第三方支付业务。根据现有司法实践,这些业务环节都有产生刑事风险的可能,且其中一部分已出现相关刑事领域的疑难案例。上海市 2016 年检察机关受理的各类金融犯罪案件包括七类 28 个罪名,除了 1137 件传统的金融诈骗类犯罪和 504 件破坏金融管理秩序罪之外,还包括 32 件金融从业人员犯罪以及 25 件扰乱市场秩序类犯罪。根据北京朝阳区检察院发布的《金融检察白皮书(第三辑)》,该院在 2018 年受理的金融犯罪案件捕诉共计 1166 件 2330 人,同比增长 90% 和 84%,其中受理的案件共涉及罪名 20 个,主要罪名集中在非法吸收公众存款、集资诈骗、信用卡诈骗和妨害信用卡管理罪等。在各类金融犯罪案件中,非法集资类案件呈激增态势,案件量和涉案人数持续上升,涉案金额巨大,波及范围广泛。其中,尤以 P2P 类案件为甚,该类案件具有涉案金额大、波及范围广,办理难度高,资金去向难以查清,追赃挽损困难等特征。

(3)综合治理是解决网络金融犯罪的根本之道

现有司法实践显示,网络金融犯罪案件具有犯罪主体专业性、犯罪手段复杂性与犯罪后果严重性等特征,放任不管必会威胁人民群众财产安全,危及经济繁荣稳定,危害社会长治久安。网络金融犯罪案件频发不断警醒着社会各界,也促使各级政府及公检法机关对网络金融犯罪实施综合治理,避免因疏于监管与过度宽松的政策环境带来网络金融的野蛮生长,继而打着金融创新旗号而实施网络金融犯罪,危害社会的安全与稳定。

在网络金融犯罪综合治理源头层面,各级政府不断出台相关政策措施,为实施网络金融犯罪综合治理进行顶层设计。自 2016 年以来,中央及部委相继印发有关网络金融犯罪综合治理的红头文件,持续推动我国网络金融犯罪综合治理的有序开展。2016 年 4 月,国务院办公厅印发《互联网金融风险专项整治工作实施方案》,强调要鼓励和保护金融创新,整治违法违规行为①;2017 年 6 月,最高检《关于办理涉互联网金融犯罪案件有关问题座谈会纪要》对办理涉互联网金融犯罪案件提出基本要求②;2017 年 7 月第五次全国金融工作会议上,习近平总书记强调要防控金融风险,健全金融法治,保障金融安全③;2017 年 8 月,最高法《关于进一步加强金融审判工作的若干意见》,指出严厉打击涉互联网金融或者以互联网金融名义进行的

---

① 国务院办公厅关于印发互联网金融风险专项整治工作实施方案的通知,国办发〔2016〕21 号。

② 最高检《关于办理涉互联网金融犯罪案件有关问题座谈会纪要》,高检诉〔2017〕14 号。

③ 2017 年 7 月 14～15 日,第五次全国金融工作会议在北京召开。

违法犯罪行为[①]；2017 年 8 月，最高检印发《关于认真贯彻落实全国金融工作会议精神加强和改进金融检察工作的通知》，强调严厉打击打着金融创新旗号实施的金融欺诈活动[②]；2018 年国务院发布的《国务院关于开展 2018 年国务院大督查的通知》中，将严厉打击非法集资、金融诈骗等违法犯罪活动列入督查重点，彰显了我国对于网络金融犯罪综合治理的高度关注[③]。

在网络金融犯罪综合治理过程层面，建立了以各级党委领导为主，政府牵头参与，充分吸纳全社会力量的网络金融犯罪综合治理模式。面对错综复杂的网络金融犯罪现状，网络金融犯罪综合治理包括"堵"与"疏"的有效结合，既关注对于已经露头的犯罪案件的打击，又重视对于还未显现的案件的"预防"；网络金融犯罪综合治理还包括"小"与"大"的有效结合，既关注辖区内犯罪案件的打击，又充分发挥行业与社会公众的规模优势，壮大除政府监管之外的行业自律与社会监督等其他监管力量，构建现代化的网络金融犯罪综合治理体系，实现综合治理能力的现代化。

在网络金融犯罪综合治理结果层面，充分发扬第三方评价机构与社会评价的作用，探索以公众满意度为代表的网络金融犯罪综合治理效果评价体系，把人民满意、公众放心作为网络金融犯罪综合治理效果评价的重要内容。

因此，针对网络金融犯罪，只有实施网络金融犯罪综合治理，从治理源头、治理过程与治理结果层面多管齐下，才能最终实现打击网络金融犯罪行为，预防网络金融犯罪产生，维护经济与金融体系的繁荣稳定，保护社会财产安全等目标。

（4）效果评价是网络金融犯罪综合治理的重要保障

网络金融犯罪综合治理是一项长期性、系统性的工程。治理效果评价的有效性与科学性是保障网络金融犯罪综合治理能够长期、持续且有效推进的关键。

首先，网络金融犯罪综合治理效果是一个复杂的概念。网络金融犯罪综合治理因其目标涉及的广泛性，因此具有多层次、多维度的目标集。不同的治理目标对应不同的治理效果内涵。网络金融犯罪综合治理要保护金融创新，但不能因治理网络金融犯罪而风声鹤唳，阻碍一切金融创新的活动；网络金融犯罪综合治理要打击金融犯罪，但是不能因打击金融犯罪影响金融活动的正常开展；网络金融犯罪综合治理要兼顾效率，但不能因治理工作而大量浪费社会资源；网络金融犯罪综合治理要保证社会公平，但不能因治理工作而造成社会不公、利益集中的现象；网络金融犯

---

① 最高法《关于进一步加强金融审判工作的若干意见》，法发〔2017〕22 号。
② 2017 年 8 月最高检印发《关于认真贯彻落实全国金融工作会议精神加强和改进金融检察工作的通知》，强调将严打传销活动等金融欺诈活动。
③ 《国务院关于开展 2018 年国务院大督查的通知》，国发明电〔2018〕3 号。

罪综合治理要维护金融安全,但不能因治理工作忽视长期网络金融安全的建立;网络金融犯罪综合治理要保证网络自由,但不能因治理工作而影响网络正常信息交流与互通。面对不同的网络金融犯罪综合治理目标时,应当明确该目标下的网络金融犯罪综合治理效果的内涵,以保证评价的连续性与统一性。

其次,只有对网络金融犯罪综合治理效果进行有效评价,才能指导未来网络金融犯罪综合治理方向。有效的网络金融犯罪综合治理效果评价能够充分揭示我国网络金融犯罪综合治理取得的效果,展示网络金融犯罪综合治理工作中存在的不足。效果评价作为我国网络金融犯罪综合治理的"自省"环节,是保证我国网络金融犯罪综合治理"自我纠偏、自我完善、自我升级"功能实现的保障。

最后,目前理论界与实务界均缺乏一套有效的网络金融犯罪综合治理效果评价工具。目前,无论是网络金融犯罪综合治理的评价主体确定、网络金融犯罪综合治理的评价方法确定还是具体的网络金融犯罪综合治理评价指标选择,都尚属空白,而这些又是构成网络金融犯罪综合治理评价的关键。

综上所述,网络金融以其低成本、高效率、普惠化的特点在我国迅速发展,已成为推动经济转型、创新创业的重要支持力量。然而,我国网络金融发展初期的粗放式与爆炸式增长所掩盖的制度漏洞与监管缺位,在外部系统性风险的强烈冲击下,风险不断积累并扩散,网络金融逐渐成为滋生违法犯罪行为的温床,严重危害人民群众的切身利益、家庭幸福和财产安全,破坏国家的金融秩序和金融安全,侵蚀我国改革开放所积累的红利,影响人民群众对各级政府的公信力和社会稳定,引起各级政府的高度重视,对其进行有效治理已经成为全社会的共识。然而,网络金融犯罪具有的犯罪主体专业性、犯罪手段复杂性与犯罪后果严重等特征,传统的治理手段已经难以奏效,必须动员社会各界、采取各种手段和措施进行综合治理。其中,网络金融犯罪综合治理效果评价,作为网络金融犯罪综合治理的重要环节和主要内容,是反映现有网络金融犯罪综合治理效果,指导未来网络金融犯罪综合治理方向的关键。因此,结合我国网络金融犯罪现状与网络金融犯罪综合治理实践,深入分析影响我国网络金融犯罪综合治理效果的影响因素,构建我国网络金融犯罪综合治理效果评价指标体系,对于构建我国网络金融犯罪综合治理体系,推进我国网络金融犯罪综合治理工作的不断深化,提高网络金融犯罪综合治理水平具有重要的理论与现实意义。

1.2 关键概念界定

1.2.1 网络金融

网络金融的兴起源于 20 世纪 90 年代中后期互联网技术高速发展浪潮对传统金融业形成的扩散与渗透。为了应对不断提升的竞争压力，提高服务效率与降低服务成本，金融机构纷纷将所辖部分业务移植到互联网平台，形成包括银行、证券以及保险等在内的传统金融业务网络化现象，国内一般将其称为网络金融（Internet Finance）。

进入 21 世纪，特别是 2010 年以来，信息技术的迅速发展与应用，为金融业与现代互联网之间的更深程度融合提供了无限可能。以移动互联网、云计算、大数据、人工智能、区块链等新的信息技术为代表的迅速应用，打破了传统金融市场的格局分布。电子商务企业与 IT 公司等信息技术巨头凭借自身积累的巨大客户入口流量数据与更为成熟的信息应用技术，进军金融领域，提供各种金融服务，一般把这一阶段的网络金融活动称为网络金融化。金融交易在这一阶段拥有更多的可能性，支付的及时性与便捷性不断提高，市场信息不对称程度大幅降低，以往制约交易双方之间的物理限制被直接打破。更为明显的是，资金或者信用在这一模式下完全具备跨时空的流动与分配。网络金融化这一时期形成的典型业态包括第三方支付、网络借贷、众筹融资、互联网消费金融、互联网供应链金融、互联网理财与互联网金融信息服务等。

本书中的网络金融是指一切使用信息技术和互联网手段开展金融服务的金融产业形态，是金融业与信息技术和互联网络高度融合的产物。网络金融包括传统金融信息化的所有方面和过程，不仅涵盖了传统金融管理信息化、传统金融业网络化过程中形成的网络银行、网络证券、网络保险，而且包括互联网银行、互联网证券与互联网保险等，也涵盖了互联网金融化所形成的新的金融服务业态及这种新业态所催生的衍生业态，包括第三方支付、网络借贷、众筹融资、互联网消费金融、互联网供应链金融、互联网理财与互联网金融信息服务等。

1.2.2 网络金融犯罪

犯罪概念源于犯罪的客观存在。网络金融无论是作为一种概念被认可与作为一种行为被界定，早已被学者与业界所接受。对于应以何种称谓、何种概念界定网络金融方面存在的犯罪行为，本书认为可以参照金融犯罪概念。网络金融的犯罪行为与金融犯罪行为共同表现出一种随着信息技术发展而产生，随着技术发展而变化的特征。若采取以某一阶段的犯罪现象进行概念的确立，则会形成诸如"金融计算机犯罪""计算机金融犯罪""金融领域计算机犯罪""网络化金融犯罪"等不同的概念名称。在一些论著以及司法实践中，也将网络赌博、网络传销、网络炒汇、炒金、利用地下钱庄实施非法活动、非法集资、网上制假售假，利用互联网金融出售、非法提供、非法获取公民个人信息等归纳于网络金融犯罪中。这些存在概念重叠的界定称谓，难免会对网络金融犯罪的产生与认识形成误区。确立网络金融方面的犯罪概念界定应采取"明了简洁、揭示核心内容以及词义结构，符合刑法对该类罪的称谓"等标准。

因此，本书认为网络金融犯罪是指利用信息技术和互联网手段开展的针对网络金融业务及从业机构所实施的犯罪，包括针对网络金融的各种金融业态、服务模式以及从业机构所形成的犯罪。其中，网络金融犯罪的主体包括开展网络金融业务的传统金融机构及互联网金融企业，也涵盖从业人员与一般人员在内的一般主体。虽然网络金融犯罪案件繁多，但根据目前已有的司法实践显示，其犯罪对象最终都指向资金，部分案件在近年也表现为针对各类金融数据的犯罪行为，但归其本源也是针对资金。网络金融犯罪的犯罪主观表现为故意犯罪，包括直接故意与间接故意。而犯罪客体则涵盖了各类管理制度与秩序、公私财产权与个人隐私等。

网络金融犯罪其实质是计算机犯罪与金融犯罪的融合与深化。在金融网络化时期，即早期的传统金融电子化和信息化时期，犯罪主要表现为针对金融计算机系统实施侵犯、破坏的犯罪行为，包括非法进入互联网金融平台盗取资金或者对计算机系统造成损害的犯罪；非法获取互联网金融企业和客户金融信息，并对其账户进行非法资金划拨或者硬性上账的犯罪；伪造或变造金融凭证；明知他人实施侵入、非法控制计算机信息系统的犯罪行为而为其提供程序、工具，致使互联网金融企业重要信息系统及其重要环境发生重大故障和事故等。在金融网络化后期，针对网络金融业务实施的挪用资金犯罪、职务侵占犯罪、盗窃犯罪、诈骗犯罪、信用卡犯罪其实质是传统金融犯罪的网络异化，而在网络金融化下形成的创新业务及从业机构所形成的犯罪则有别于传统金融犯罪行为。因此，网络金融犯罪与计算机犯罪、金融犯罪之间既有重叠，又互有差异。

1.2.3　网络金融犯罪综合治理

"综合治理"这一概念起源于我国政府面对已有治安管理的模式与方法无法应对复杂的国内治安环境时，开创性地秉持"从群众中来"到"群众中去"与"依靠广大人民群众，依靠社会力量"等理念，创新了一套崭新的社会治安综合治理的模式与方法。作为一种工作的指导思想，"综合治理"早期是指中国共产党积极动员全社会的力量，运用各种方法、措施与手段，维护全社会的治安环境。自此之后，"综合治理"这一工作思想逐渐被运用到生态环境保护、计划生育、纪检监察等众多政府工作领域。从"综合治理"的发展过程中，可以看到，"综合治理"这一概念包含至少三方面的因素：（1）以社会问题为核心；（2）强调方法与措施的综合运用；（3）强调各部门、社会各方面的参与。

本书认为，网络金融犯罪综合治理与社会治安综合治理同属于社会治理的研究范畴，是社会治理的重要组成部分。二者除治理目的的不同之外，在治理主体，治理层级架构与治理运行机制等方面一脉相承。网络金融犯罪综合治理与政治管理、治理及社会治安综合治理的比较如表1-1所示。基于以上认识，本书认为，我国网络金融犯罪综合治理是在中国共产党的领导下，各级政府充分发挥自身力量，积极调动市场与社会各阶层、各部门的优势，构建包括立法机关、行政机关、司法机关、市场参与方与社会参与方等在内的多元治理主体，综合运用政治、经济、文化、法律、技术等多种方法，通过打击与预防、宣传与教育、监督与管理、建设与改造等多项手段与措施，打击网络金融犯罪行为，预防网络金融犯罪产生的一项社会系统性工程。

表1-1 各概念之间的比较

	治理主体	治理目的	治理层级架构	治理运行机制
政治管理	治理主体单一，多以政府或国家为主	确保政治统治及社会政治生活的正常运行	金字塔式的治理结构	集权行政下的官僚制与极权
政治治理	治理主体多元，包含了政府、市场、社会、公民	依据不同需求提供多样的公共产品	扁平的治理结构	分权行政下的多中心与分散
社会治安综合治理	治理主体多元，包含了政府、市场、社会、公民	提供社会治安服务，维护社会治安秩序，核心是预防违法犯罪	整体表现为扁平的治理结构，在政府内部表现为金字塔式的治理结构	多中心
网络金融犯罪综合治理	治理主体多元，包含了政府、市场、社会、公民	实施一系列综合措施，维护金融乃至经济体系的安全，核心是打击、预防犯罪与消除风险	整体表现为扁平的治理结构，在政府内部表现为金字塔式的治理结构	多中心

资料来源：根据相关文献整理。

1.2.4 网络金融犯罪综合治理效果评价

对"效果"这个词进行拆分，其中，"效"在《汉语大字典》上的意思为功

1.4 研究思路与研究方法

1.4.1 研究思路

综合运用多中心治理理论与利益相关者理论，对网络金融犯罪综合治理主体进行深层剖析，明确指出我国网络金融犯罪综合治理效果评价的核心是探寻影响网络金融犯罪综合治理效果的因素，探明不同影响及对网络金融犯罪综合治理效果的影响路径与具体的影响效应。同时，运用委托代理理论，综合考虑不同评价主体对评价结果的影响，建立网络金融犯罪综合治理效果专家评价、公众评价和媒体评价指标体系。

首先，借助多中心治理理论与利益相关者理论，对我国网络金融犯罪综合治理主体进行识别与层级划分，提出不同层级治理主体对网络金融犯罪综合治理效果的影响机理，归纳影响因素，提出研究假设，构建我国网络金融犯罪综合治理效果概念模型。

其次，设计调查问卷，对我国网络金融犯罪综合治理一线的人员、机构（专家）与社会公众进行实地走访与调查问卷的发放，回收调查问卷取得样本研究数据。

再次，在确保研究数据质量的基础上，利用结构方程模型对研究假设与影响因素的概念模型进行实证检验，探寻不同评价主体影响因素之间及其对网络金融犯罪综合治理效果的影响路径与具体影响效应。

最后，分别建立我国网络金融犯罪综合治理效果专家评价、公众评价指标体系，对建立的指标体系进行实证检验。根据实证检验的结果，提出提升我国网络金融犯罪综合治理效果的政策建议。

1.4.2 研究方法

（1）文献研究法

在研究过程中，通过仔细梳理以往学术界对利益相关者的研究成果，利用合法性、紧急性与主动性在内的三个特征属性，对我国网络金融犯罪综合治理主体进行层级划分。随后，在分析不同层级治理主体对网络金融犯罪综合治理效果的影响机理时，采取了文献研究法，通过梳理以往学术界的相关研究成果，提出不同层级治理主体对网络金融犯罪综合治理效果的影响机理，归纳出包括法律法规、犯罪惩罚概率、犯罪惩罚力度、犯罪惩罚及时性、预防犯罪法律宣传、网络金融监管、机构及其业务规范性与社会监督在内的8个具体的影响因素。

（2）对比研究法

使用对比研究法分析在不同评价主体下，利用通过调查问卷取得的研究数据，采取结构方程模型的方法对本书的研究假设与影响因素的概念模型进行实证检验，探讨不同评价主体影响因素对我国网络金融犯罪综合治理效果的影响路径与具体影响效应，分析产生不同结果的原因。

（3）问卷调查法

本书在研究中，多次使用问卷调查法。首先，在筛选我国网络金融犯罪综合治理主体识别的特征属性时，走访领域内专家，对整理的利益相关者识别的特征属性进行筛选。其次，根据确定后的特征属性，邀请领域内专家对初步入选的我国网络金融犯罪综合治理主体进行评价打分，根据打分结果确定不同层级的我国网络金融犯罪综合治理主体。再次，在分析我国网络金融犯罪综合治理效果的影响因素时，设计相关调查问卷，分别对我国网络金融犯罪综合治理一线人员、机构（专家）与社会公众、媒体进行问卷发放与回收，取得后续的研究数据。最后，在确定构建的指标体系权重赋值时，采取专家咨询法，通过相关领域专家打分形式，综合确定了构建的指标体系的权重赋值。

（4）定量分析法

本书通过问卷调查的方式取得研究数据，使用统计软件 SPSS19 对被测量项目进行相应的统计检验。在确定问卷信度与效度时，使用统计软件 SPSS19 对样本数据进行 Cronbach 系数检验与探索性因子分析。在确定测量模型信度与效度时，使用 AMOS21.0 对样本数据进行组合信度检验与验证性因子分析。在验证关于影响因素的研究假设与影响因素的概念模型时，使用 AMOS21.0 软件建立结构模型，对模型的系数与相关假设进行检验，分析不同评价主体的各影响因素对我国网络金融犯罪综合治理效果的影响路径与具体影响效应。

1.5 研究内容和结构安排

立足于我国网络金融犯罪综合治理实践，首先，对我国网络金融犯罪综合治理主体进行识别，随后按照治理主体的特征属性对其进行层级划分。在此基础上，提出不同层级治理主体影响网络金融犯罪综合治理效果的影响机理，归纳影响因素，提出研究假设，构建我国网络金融犯罪综合治理效果概念模型。其次，设计相关调查问卷，针对网络金融犯罪综合治理一线人员、机构（专家）与随机社会公众、媒体进行实地走访与问卷发放，取得本书研究需要的数据。再次，根据回收样本数据，利用结构方程模型对研究假设与影响因素的概念模型进行实证检验，得到影响因素及其对网络金融犯罪综合治理效果的影响路径与具体的影响效应。最后，根据分析结果，分别构建我国网络金融犯罪综合治理效果专家评价、公众评价、媒体评价指标体系，提出提升我国网络金融犯罪综合治理效果的政策建议。全书共分 8 章。

第 1 章绪论。阐述本书的研究背景，对网络金融、网络金融犯罪、网络金融犯罪综合治理与网络金融犯罪综合治理效果评价等一系列名词进行关键概念的界定。随后，阐述了本书的研究目的与研究意义、研究思路与研究方法、研究内容和结构安排。

第 2 章相关文献综述。梳理网络金融犯罪及综合治理相关研究文献，从网络金融犯罪理论研究、网络金融犯罪治理研究以及治理评价研究对国内外已有研究进行分析，并对现有文献进行评价，确立研究方向。

第 3 章相关理论基础。明晰网络金融犯罪与网络金融犯罪综合治理的相关概念，给出本书研究所需的主要理论工具，明确我国网络金融犯罪综合治理效果评价的目的、功能与评价要素。

第 4 章网络金融犯罪综合治理效果影响机理及其假设提出。首先，本章利用多中心治理理论识别出我国网络金融犯罪综合治理主体包括立法机关、行政机关、司法机关、市场参与方和社会参与方共五类。其次，利用利益相关者理论，对识别出的我国网络金融犯罪综合治理主体进行层级划分，将其划分为确定型治理主体、预期型治理主体与潜在型治理主体。再次，根据理论分析与文献研究，提出不同层级治理主体网络金融犯罪综合治理效果的影响机理，归纳影响因素。最后，提出本书研究假设，建立我国网络金融犯罪综合治理效果概念模型。

第 5 章网络金融犯罪综合治理效果研究假设的实证检验。首先，本章依据前述研究基础设计了所需的调查问卷，在小规模范围内进行样本前测，根据前测结果对所设计的调查问卷进行修正，形成正式的调查问卷。其次，确定被调查对象，进行问卷发放与回收，并对回收的调查问卷进行样本整理与统计分析。再次，对样本数据与测量模型进行信度与效度检验，确定本书研究数据的质量。最后，利用结构方程模型对本书的研究假设进行实证检验，并对检验结果进行分析。

第 6 章网络金融犯罪综合治理效果评价。首先，本章基于对网络金融犯罪综合治理效果的理论分析以及实证检验结果，结合我国网络金融犯罪综合治理的相关实践，分别选择我国网络金融犯罪综合治理效果专家评价与公众评价指标。其次，利用专家咨询法综合确定指标体系的权重，构建我国网络金融犯罪综合治理效果专家评价与公众评价指标体系。最后，利用模糊综合评价法采取相关实例对指标体系进行验证。

第 7 章提高网络金融犯罪综合治理效果的政策建议。本章基于前述章节的研究内容，从立法机关、行政机关、司法机关、市场参与方和社会参与方五个层面提出提高我国网络金融犯罪综合治理效果的政策建议。

第 8 章结论与展望。对本书研究结论进行总结，并指出今后研究的方向。

本书的逻辑结构如图 1-1 所示。

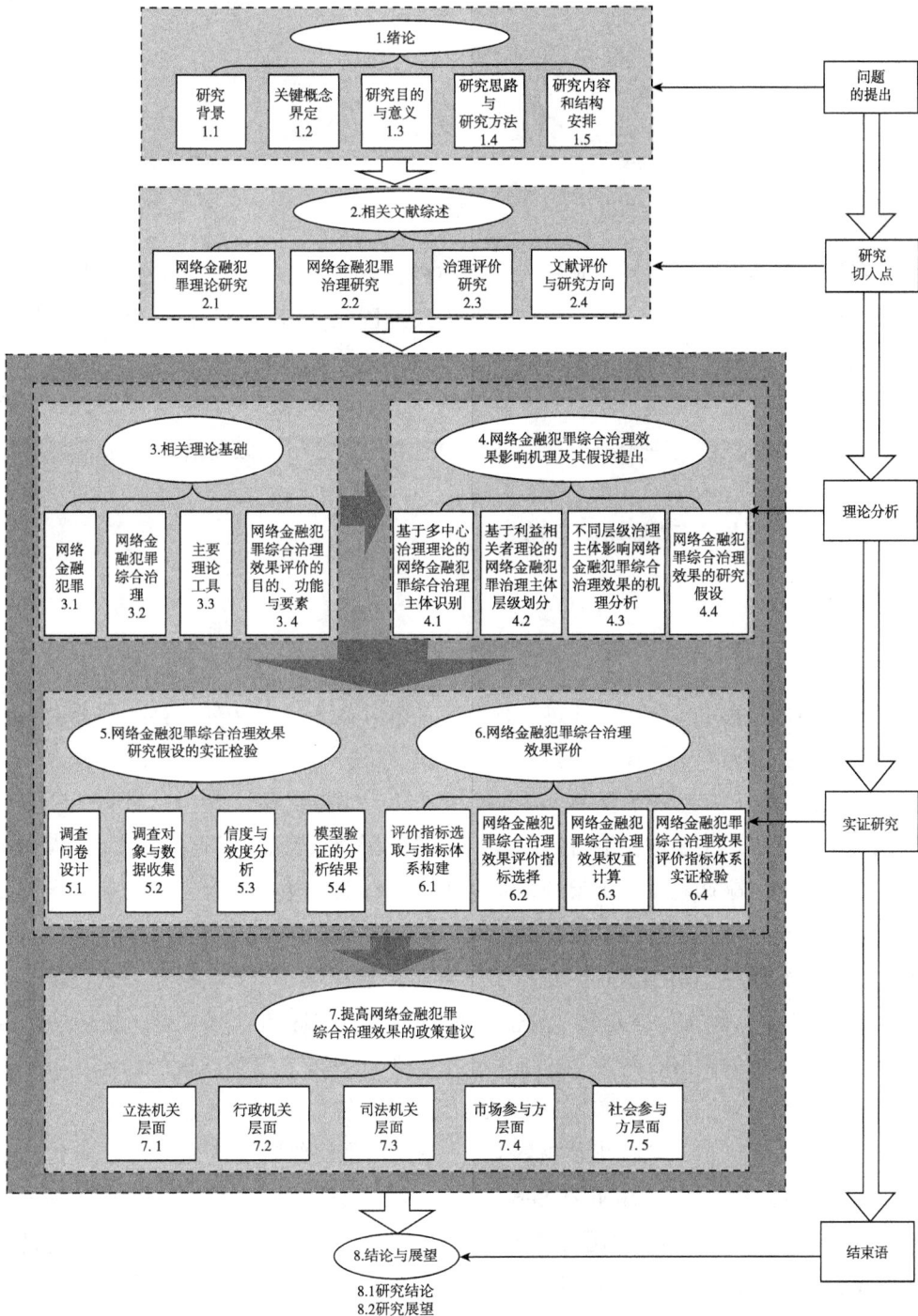

图 1-1 本书的逻辑结构

2　相关文献综述

我国网络金融发展虽然起步较晚，但与西方发达国家相比，后发优势显著，从规模、体量、业态等角度，完全超越了西方发达国家。但我国与西方发达国家网络金融发展路径迥异，无论是理论研究还是实践操作，都有较大的差异，在具体研究中，当以我国的相关实践为主。目前，国内外已有的相关研究主要集中在以下三个方面：网络金融犯罪的理论研究、网络金融犯罪的治理研究以及治理评价研究。

2.1　网络金融犯罪理论研究

2.1.1　网络金融犯罪的界定研究

Petter Gottschalk（2010）通过回顾已有文献，认为目前文献中存在的金融犯罪种类均可以归类至 Corruption（腐败）、Fraud（诈骗）、Theft（盗窃）以及 Manipulation（操控）中的一类犯罪行为。联合国毒品和犯罪办公室（2010）指出，洗钱犯罪是金融犯罪中最主要的犯罪行为，洗钱犯罪的猖獗会助长上游包括毒品和人口贩运、金融欺诈、敲诈勒索、绑架勒索赎金等犯罪行为的滋生。但随着信息技术的飞速发展，传统金融犯罪逐渐呈现借助互联网信息技术的便利而衍生新型犯罪行为的趋势，网络犯罪（Cyber Crime）的内涵逐渐与金融领域开始产生联系。欧盟委员会于 2007 年 5 月出台的一份关于"打击网络犯罪的一般政策"的文件，提出一个并没有被广泛商榷的网络犯罪定义，指出网络犯罪具备以下三个层面的内涵：一是通过电子通信网络和信息系统实施的欺诈或伪造等传统形式的犯罪；二是通过电子媒体发布非法内容（如儿童性虐待材料）；三是对信息网络特有的犯罪（如对信息系统的攻击，拒绝服务（Denial of Service）和黑客攻击（Cracking））。Anderson 等（2013）认为，无论是对英国还是整个世界，网络金融犯罪均可以划分为原先是传统金融犯罪，但现在是通过互联网实施的，如税收和福利欺诈；过渡性犯罪（Transitional Crime），其作案手法因为在线而发生重大变化，如信用卡欺诈；平台犯罪（Platform Crime）是存在于互联网的新型犯罪行为，如提供便于其他犯罪人员使用的木马病毒与僵尸网络。

国内早期学者针对网络金融犯罪的界定主要集中在使用计算机网络实施犯罪行为的关键节点。如许秀中（2003）认为，网络金融犯罪是指在金融电子化时代，行为人以计算机网络为作案工具或侵害对象而实施的，危害金融领域正常交易秩序、管理秩序，侵害公私财产所有权，情节严重的行为。也有一些学者通过法律的角度完善网络金融犯罪的界定。如佟志伟（2007）将网络金融犯罪定义为行为人通过网络实施的以谋取一定的经济利益或避免损失为目的，在金融及其相关活动中实施的侵害国家金融关系和金融秩序，触犯刑律，依法应受刑法处罚的行为。孙觅佳（2013）将网络金融犯罪从犯罪学与金融学两个角度来考察，认为从犯罪学的角度来讲，网络金融犯罪是指利用计算机网络侵犯社会主义金融管理秩序、应该受到刑法处罚的行为。随着信息技术的发展与应用，网络金融犯罪的内涵逐渐深化，学者针对网络金融犯罪的界定分别沿着金融犯罪与网络犯罪两条路径进行更深入的研究。殷宪龙（2014）认为，网络金融犯罪与计算机金融犯罪或金融计算机犯罪并无本质区别，网络金融犯罪就是网络化金融犯罪，是指行为人运用计算机技术，借助于网络对其系统或信息进行攻击，破坏或利用网络进行危害金融领域正常交易秩序、管理秩序、侵害公私财产所有权、情节严重的行为。万志尧（2016）认为，网络金融犯罪是指围绕网络金融业务开展以及从业机构所形成的犯罪，其中包括网络金融业务开展所形成的犯罪以及针对网络金融机构、平台、组织以及市场所形成的犯罪。网络金融犯罪具体包括针对网络金融平台、市场等要素形成的侵犯网络金融资金、技术等犯罪，也包括网络金融从业机构、组织涉及的违反法律法规的行为。

2.1.2 网络金融犯罪的类型研究

欧洲中央银行发布的欧洲单一欧元支付区（Single Europe Payment Area，SEPA）的欺诈统计数据显示，2014年单一欧元区欺诈总额为14.4亿欧元，其中66%是不通过实体卡（Card-Not-Present，CNP）进行的，这其中就包括在线支付。随着信息技术的不断发展，无可否认的是，在线支付欺诈正在成为支付服务模式中最主要的犯罪形式，而且也给经济发展带来了巨大的负担。除此之外，针对金融服务商的网络钓鱼（Phishing）、恶意软件（Malicious Software）等潜在威胁给工业化国家和非工业化国家都造成数百万美元的损失。

关于网络金融犯罪的细分研究，许多学者也对网络金融犯罪的危害进行了研究。如针对在线支付卡欺诈（Online Payment Card Fraud），Lieber E 和 Syverson C（2012）研究认为，在线支付诈骗带来的损失主要有由于消费者缺乏信心而造成的损失与商家因担心欺诈而放弃的业务盈利的结合。Kuksov D（2004）认为，放弃网上购物而带来的间接损失，会被商家以转移到线下销售以及更广泛的产品差异带来的长期商品价格上涨弥补，并且消费者也无法享受由于商家在线销售商品带来的低廉搜索成本与分销成本。而一项针对英国在线支付欺诈的调查报告显示，商家由于退款而造成的损失占营业额的1.8%，其中32%归因于信用卡欺诈，与此同时，商家拒绝掉4.3%的订单。2009年，英国的在线经济价值约为1000亿英镑，占GDP的7.2%，由于欺诈带来的损失约为16亿美元。

网上银行欺诈（Online Banking Fraud）主要通过两种方式实施：一是网络钓鱼攻击（Phishing Attack），犯罪分子设立虚假银行网站，引诱毫无戒心的用户登录以获得他们的相关信息。Moore T和Clayton R（2007）认为，网络钓鱼每年引发的受害人数通常在280000~560000人。而另一项研究则估计，每年有0.4%的互联网用户被网络钓鱼。二是通过安装击键记录恶意软件（Keystroke-logging Malware），"宙斯"（Zeus Malware）恶意攻击软件团队曾多次成功收集多家银行凭证，并试图偷取2.2亿美元。目前，除了像宙斯这样的基于僵尸网络的大型恶意软件外，一些犯罪分子还开始使用鱼叉式网络钓鱼（Spear-phishing）在中小型企业内部系统上针对CFO、薪资部门或应付账款部门安装恶意软件。该行为对于金融机构与储户资产安全造成了极大的威胁。

针对个人支付卡欺诈（In-person Payment Card Fraud），常见的欺诈方式是通过篡改PED终端（PED Terminals）或者ATM分离器（ATM Skimmers）捕获原卡数据并制作备用磁条运行伪造的个人支付卡。该项欺诈模式自2008年以来呈逐渐增长的态势，导致每年数十亿美元的损失，预计这种欺诈行为将在2020年造成超过300亿美元的损失。

针对虚假病毒防护（Fake Antivirus），犯罪分子通过改变网络服务器的页面，诱骗并警告用户计算机已经感染了恶意软件，安装犯罪分子提供的虚假病毒防护软件。当用户安装虚假病毒防护软件后，该软件会禁用客户个人计算机上所有已安装好的杀毒软件，然后重复发出付款请求，只有当用户付钱后，该请求才会消失。Stone-Gross B等（2013）研究了2008—2010年的三个不同犯罪团伙的内部数据库，估计这三个群体每年据此盈利约9700万美元。

针对财政欺诈（Fiscal Fraud），美国的犯罪分子通过使用被盗取的个人信息和社会安全号码（Social Security Number，SSN）以在线形式提交伪造的纳税申报表，以获取虚假的退税额度。除此之外，针对社会福利欺诈（Welfare Fraud），其也借助信息技术的方式进行偷逃税款，躲避缴纳社会福利，给国家财政稳定带来恶劣影响。

除此之外，僵尸网络（Botnets）也是网络犯罪（Cyber Crime）的一个重要组成部分。网络犯罪中涉及金融领域的犯罪主要通过僵尸网络（Botnets）进行实施，包括发送垃圾邮件（Sending Spam）、点击欺诈（Click Fraud）、获取账户凭据（Harvesting Account Credentials)、发起拒绝服务攻击（Launching Denial-of-service At-tacks）、安装勒索软件（Installing Scareware）以及网络钓鱼等手段侵入、攻击机构和个人的金融计算机系统。

国内研究，如上海市浦东新区人民检察院课题组（2016）根据近年司法实践，将网络金融犯罪按照作案方式细分为利用网络银行等工具实施获取金融信息（如利用虚假网站、病毒和银行漏洞等套取信息）、通过第三方支付平台进行洗钱、信用卡盗窃以及利用 P2P 等在线融资平台进行非法集资等犯罪行为。殷宪龙（2014）将网络金融犯罪划分为非法进入银行计算机网络系统盗取银行资金或对计算机系统造成损害行为、以非法获益为目的截获银行和客户之间交流信息的行为以及伪造或变造金融凭证实施经济犯罪的行为。

2.1.3　网络金融犯罪的成因研究

HM Government（2010）认为，互联网的持续发展为全球各地工业、社会以及公民个人与所在社区带来了巨大经济利益，使其成为一小部分寻求夺取这部分利益人的犯罪目标，网络攻击利用新技术形成的潜在漏洞谋取经济利益。Roman Tomasic（2011）认为，金融危机的爆发成为全球金融犯罪监管应对的转折点，行业和监管机构轻率化的监管行为与风险评估的失败使金融机构的正常运行具备极大的风险，容易引发金融犯罪行为的的产生。Monica Lagazioetal（2014）认为，有形和无形因素之间的强大动态关系会影响网络犯罪成本，并发生在不同的社会层面和价值网络中，金融公司战略重点的转变，以及与竞争对手相关的市场定位考虑因素是决定网络犯罪成本的重要因素，并对金融机构自身安全造成重要影响。Frunza M C（2015）认为，金砖国家、中东以及某些东南亚国家在经历经济巨大发展与繁荣之后，许多国家陷入私有化进程的困境，由此带来证券欺诈行为引发了股票市场的动荡。此外，这些国家丰富的自然资源与能源生产基础设施成为投资者的战场，使这些新兴市场成为金融犯罪行为产生的肥沃土壤。Frunza M C（2015）指出，在过去五年，急速发展的体育博彩业（Sports Betting）凭借通信技术的杠杆作用，已经变得类似于金融市场。因此，投注承销商类似于交易所或投资银行家。虽然投资行业受到监管和监督，但博彩业完全不受监管，已经为金融犯罪提供了法外之地。Calderoni F（2015）认为，洗钱犯罪以及其他金融犯罪的目的便是将刑事犯罪所产生的金钱来源合法化，从而使犯罪分子在资金流动方面获得更大的灵活性，以资助进一步的犯罪行为。Frunza M C（2016）认为，相较于早期的金融犯罪，白领罪犯需要更为费力地组织人员与建立复杂的结构，以便传播特定的欺诈信息，进而实施诸如与市场操纵有关的犯罪行为。随着互联网技术与社交媒体的兴起，信息的传播变得更加快捷与成本低廉，极有可能被市场违法者用来传播流氓信息、恶意信息与实施其他类型的欺诈行为。他还认为，金融业的工资结构和其在西方国家生产总值中的关键份额是造成金融行业道德风险的基本因素，而政府对银行的救助、各种衍生交易品的泛滥以及诸如卖空与高频交易等交易模式只是产生道德风险的一些例子，而这些都将会引发金融犯罪。Chawki 等（2015）认为，在针对特定类别的网络攻击时（如黑客攻击），了解犯罪人员的个人资料至关重要。教育程度，所从事的职业和童年经历均可以用来揭示涉及网络犯罪的任何人。Bhavna Arora（2016）依照犯罪对象将网络犯罪划分为针对个人、财产、组织与政府的犯罪类型，并将其犯罪动机划分为业余爱好或具有某种政治动机并以此希望得到社会认可、具有某种心理动机或经济动机的有组织犯罪集团以及心怀不满借此寻求报复的企业员工。Suleman Ibrahim（2016）以尼日利亚的金融机构遭受网络犯罪为例，结合尼日利亚是撒哈拉以南地区的代表国家这一典型的文化背景，基于基本的分类原则和动机理论，认为网络犯罪的动机主要有三个可能的因素：社会经济、心理社会以及地缘政治状况。Van Wegberg（2017）认为，在线支付服务中的欺诈犯罪是网络金融犯罪中的一个重要类型，对经济金融健康发展会产生极大的社会影响。而在基于在线支付业务中的欺诈犯罪的一类主要运作方式是通过传播危害消费者和企业设备安全的金融恶意软件而实施的。Petter Gottschalk（2018）认为，白领犯罪人（White-collar Offenders）实施金融犯罪的动机是基于便利理论具备的三个层面：基于威胁和可能性取得经济收益的意愿；实施和隐瞒金融犯罪的组织机会；个人对异常行为的意愿。

国内学者对网络金融犯罪的成因研究可以总结为五类：一是技术性因素。巴塞尔委员会认为，网络金融的风险源于"系统在可靠性和完整性方面的重大缺陷带来的潜在损失"。王平（2000）指出，犯罪工具的简单化、智能化趋势是网络犯罪率提高的一个原因。通过计算机软件将预先制作的诈骗信息发送到受害人手机里，可以大大减少犯罪分子的工作量。金永红和慈向阳（2007）认为，木马程序与间谍软件具有成本低、易获取和传播快等特点，犯罪分子只需支付较少的制作网页、购买相关软件以及租赁服务器等相关费用便可以实施网络金融犯罪。李坤明（2010）认为，反网络犯罪的技术必须要高于网络犯罪的技术才能有效地打击犯罪活动，而现实情况是，网络反犯罪技术还常常落后于网络犯罪技术，因此抓捕针对网络犯罪的司法成本过于高昂。于志刚（2010）认为，网络金融犯罪中存在的网络犯罪是传统犯罪的网络变异。网络犯罪的形成原因是多方面的，而其直接诱因是网络空间的技术性代际差异，网络犯罪的形成是传统犯罪的网络变异，体现在犯罪构成要件要素的变异、社会危害性变异以及犯罪形态的变异三个方面。顾肖荣和王佩芬（2014）指出，网络安全技术落后于现代计算机技术、通信技术和信息技术的发展速度，犯罪分子可以轻易地实施高智能犯罪，这一现象为网络金融安全带来隐患，并对侦破、指控以及处罚这类犯罪行为造成了困难。胡坤等（2014）指出，网络金融业务链的增长、自身系统复杂度的提升、云计算应用模式的广泛使用以及对数据的不当处理等都增加了网络金融安全的风险敞口。二是制度性因素。郭敏（2009）认为，金融创新天然具备规避监管的属性，由此而引发的监管缺失、立法滞后等问题，使互联网金融企业多数创新业务处于合法与违法的边缘，容易形成犯罪行为。于志刚和邢飞龙（2013）指出，在信息时代，由于网络金融监管体制机制不健全，网络金融安全法治体系落后，法治能力现代化不强，法治建设不足，容易引发网络犯罪。目前，只有网络信息技术的开发和应用，而没有安全防范和制止，网络金融犯罪的波及范围扩大已成必然趋势。刘宪权和金华捷（2014）认为，目前国内金融领域征信体系不健全，并且已有融资模式不能满足总的融资需求，因此网络金融领域容易发生非法集资、非法吸储放贷以及私自设立金融机构发行股票和债券等多种金融犯罪行为。徐汉明和张乐（2015）认为，由于金融机构的内控制度不健全，并且网上银行业务专业性较强，一般审计人员难以适应等原因，从而引发在网上业务运营中暴发的密码控制不严、软件控制功能较弱、授权机制执行不力、不及时应用更高级别的加密技术，缺乏采用更高级别安全措施等问题，为网络金融业务埋下安全隐患。三是人格性因素。汉斯·约阿希姆·施奈德（1990）的犯罪学认为，促使犯罪分子实施犯罪最有影响力的人格因素，首先是个人财产上的获利，其次是进行犯罪活动的智力挑战。从大量案例来看，不良心理是导致犯罪人实施网络金融犯罪的内驱力。赵廷光和朱华池（2000）认为，在犯罪动机方面，不少计算机犯罪与金钱关系不大，反而是行为人对攻破计算机安全控制机制兴趣极大，把攻破网络安全控制系统当作对自己智力的挑战。孙斌（2010）指出，网络犯罪具有方便性、刺激性、低破案率且不易被查获的缘故，致使行为人越来越胆大妄为，肆无忌惮，乐此不疲，并且网络犯罪都有一个共同的犯罪特性，就是犯罪行为将会不断地持续，直到犯罪行为东窗事发后才得以停手。四是法制性因素。邢秀芬（2009）指出，我国在网络犯罪立法上存在不足，其定罪制度存在漏洞，在罪状表述方面，存在法律规定保护范围狭窄、罪状表述不全面和传统犯罪理论无法涵盖一些新型网络犯罪形式的问题。孟小峰和慈祥（2013）指出，在大数据时代，由于大数据赋予数据"动态性"的特征，传统刑法中对犯罪对象的理解变得不准确，因此无法对其形成严密的保护。李振林（2014）认为，当前打击网络金融犯罪缺乏有效的合作机制，公安机关、监管部门以及金融机构等治理主体联系不够密切，没有形成联合打击网络金融犯罪的机制，对网络金融犯罪没有形成威慑机制。姜涛（2014）指出，网络金融内涵下的融资模式，实质是民间借贷的网络形式。在目前金融垄断立法政策下，其内涵与非法吸收公众存款罪、集资诈骗罪等犯罪类型的构成要件之间契合程度较高，易引发此种犯罪类型。于志刚（2014）指出，在大数据时代下，目前刑法对"数据"的界定与现实内涵存在差异，这使刑法应对涉及"数据"的犯罪事实存在与时代脱节的缺陷。黄晓亮（2015）指出，我国现行《刑法》第二百八十五条、第二百八十六条中所涉及的"计算机信息系统""破坏性程序"等技术性术语，以及对"数据"的界定需要刑法或者相关规范性解释予以更进一步的细化与明确，否则无法被司法解释所适用。姜涛（2017）指出，由于目前国内关于互联网金融的政策法规对于互联网金融部分业务合规性与借贷双方的权利保护没有明确的界定，因此易于引起非法吸储放贷、私自发行股票债券、洗钱犯罪等违法行为。五是其他原因。徐金水（2011）认为，由于互联网络内容的监管缺失，不良文化泛滥，冲击并影响部分社会群体的思想构成，犯罪行为得以形成。

2.2 网络金融犯罪治理研究

H. M. Government（2011）提出，网络犯罪和网络恐怖主义的威胁在不断发展，尤其是几年前不存在的高科技犯罪变得越来越常见。随着新防御措施的实施，网络犯罪分子也在不断调整策略。因此，为了应对不断变化的新型网络犯罪活动，执法机构必须努力确保网络空间对犯罪分子是一个充满敌意的环境。Awan 和 Blakemore（2012）认为，为了应对网络犯罪与由之形成的网络犯罪现象，世界各国政府应投入大量的资源建立网络执法与情报机构，对在线受到威胁时能够迅速作出反应，包括检测、阻止以及防范各种网络安全威胁的机制。这种投资履行了政府的首要职责，即保护国家、公民的利益安全。在涉及网络金融犯罪治理时，许多政府选择设立专门的金融情报调查机构（Financial Intelligence Units，FIU）。金融机构，如银行、货币服务机构、保险公司、赌场等，必须存储其辖内客户的所有交易数据，并且向金融情报机构报告所有可疑交易。而金融情报机构的主要目标是收集和分析可疑交易数据，以发现非法犯罪活动，从而捍卫金融市场的完整性。

2.2.1 法律规制

Andrew Staniforth（2014）认为，网络犯罪和网络恐怖主义的影响迫使世界各地的情报机构和执法机构进入一个新的合作时代，以便共同有效地解决网络威胁，并且认为虽然网络调查可以防范网络威胁，但是其有效性主要依靠网络警察的彻底调查工作。Frank Holzenthal（2017）认为，在政治和经济的巨大变革时期，腐败和金融犯罪往往飙升。因此，针对打击金融犯罪行为的切实需求，世界各地的银行和其他金融服务提供商应该建立更为严格的风险内控制度并寻求人工智能和高级分析技术的帮助以应对金融犯罪行为的爆发。Yerjanov T K 等（2017）和 Kirillova 等（2017）通过哈萨克斯坦共和国和西欧国家相关立法的比较分析，探讨与全球信息通信网络中打击网络犯罪有关的法律问题，并且强调了网络恐怖主义和身份盗窃在内的两种新型网络犯罪形式，通过案例研究法—积极问题—情境分析法确定网络犯罪中网络恐怖主义的特征，认为这两种犯罪形式都可以列入"网络犯罪公约"进行打击。Uppiah V.（2018）以毛里求斯为例，针对以庞氏骗局为主的特定金融犯罪行为缺乏法律架构打击的现实状况，通过分析相关法律条款与案件，界定庞氏骗局的具体内涵及其运作方式，并给出如何解决该问题的法律途径。

在国内学者的相关研究中，刘远（2010）认为，从金融犯罪的治理实践得出，治理工作应当遵循金融交易本位主义而非金融管理本位主义。在立法模式上由"破坏金融管理秩序罪"转变为"破坏金融交易秩序罪"，并且放弃单一刑事主义，采取平等金融机构平等保护主义与综合治理主义。于志刚（2010）认为，针对网络金融犯罪中的网络犯罪形成来源于传统犯罪的网络变异，治理网络金融犯罪需要采取扩张化的司法解释，即面对网络空间中传统犯罪的变异态势，将部分预备行为提升、独立化为实行行为以及将部分共犯行为加以正犯化。于志刚、李源粒（2014）指出，我国现行刑法对计算机信息系统计算能力和技术资源的保护是静态的、非在线的。而大数据是围绕数据动态处理模式的革新，作为对象的数据的范围发生了巨大变化，这种技术范式的转变，必然要求刑法层面相应的范式转变。谢杰（2015）认为，以比特币为代表的"去中心化"网络金融工具的兴起导致相关法律条款构成的保护机制失去调整风险的能力，带来关联犯罪行为。因此，治理工作应当有效调配法律制度资源，将金融工具交易各环节纳入制度化规制范畴与刑事保障体系，重点保护网络金融市场规范化与保障投资者的合法权益。刘宪权（2015）将网络金融犯罪中证券犯罪分为信息欺诈、信息操纵与信息滥用三种。针对网络金融证券犯罪的刑法规制，应以信息风险控制为原则，对金融信息风险进行审查，以维护证券市场信息传递效率与信息安全保障，并以信息关联要素的司法认定作为司法保护规则。吴文嫔和张启飞（2015）认为，目前针对网络金融犯罪刑法规制主要参照金融犯罪进行处理，依据刑法中第三章第四节破坏金融管理秩序罪以及第五节金融诈骗罪中固定的38个罪名进行定罪处罚。针对网络金融犯罪态势，应当采取宽严相济的方式，以免扼杀创新步伐。以非法集资类犯罪为例，应通过适度提高犯罪门槛与限制集资诈骗罪的适用范围进行犯罪治理。张智辉（2015）认为，应当针对不同类型的网络犯罪制定不同的刑法规范。如有必要针对编造、传播虚假信息的行为设立独立罪名，但应防止罪名过多出现漏洞；对于网络犯罪预备行为，应该依照已有相关立法进行处罚，而非将其规定为其他的犯罪行为；对于由单位实施或者以单位名义实施的网络犯罪行为，应当视为自然人犯罪，直接处罚有关的直接责任人员，而不宜作为单位犯罪来处罚。苗强（2016）从防控网络金融犯罪的立法与实践研究入手，提出从完善网络金融安全的相关立法、通过司法机关打击网络金融犯罪的能力以及加强防控网络金融犯罪的社会治理等途径，推进网络金融犯罪防控制度的建立。闻志强和杨亚南（2017）以网络金融犯罪中的非法集资类犯罪为例，分别从行政监管路径与刑法规制路径给出治理对策。其中，行政监管包括监管职责的横向分配与静态定位以及业务操作环节的纵向分割与动态监管；刑法规制包括限缩性规制，提高相关犯罪的入罪门槛，兼顾打击犯罪与保护法律的平衡。郭健文（2017）认为，网络金融犯罪的治理应当优先从国家政策、市场管理以及法律规制等层面进行调节，刑事法律的介入则作为保护网络金融的最后一道屏障。而在刑法规制层面，应当适时出台相关犯罪的刑法解释或刑法修正案。陈致陶（2018）针对网络金融犯罪的特征，从刑法治理途径提出完善网络金融犯罪罪名，包括对经营自治类犯罪采取轻缓化措施，对经营手段类犯罪采取严厉措施；完善网络金融犯罪刑罚，包括罚金刑、资格刑的完善。晏子昂（2018）认为，网络基础设施建设，个人信息数据安全以及网络安全建设的需求与目前相关法律保障之间存在供需不均衡的现象，而《网络安全法》的实施为我国推动网络安全建设法制化以及打击网络犯罪提供了法治保障，除此之外，包括刑事、民商事等其他法律部门也要持续完善维护网络安全的法律体系建设。

2.2.2 技术手段

在打击网络金融犯罪方面，金融机构与金融情报机构面临的主要问题是发现可疑交易轨迹与处理数量庞杂的数据。在寻找犯罪轨迹时，一些学者认为可以通过建立金融活动网络（Financial Activity Network，FAN）的方式，其中网络内部的节点代表用户个人、企业、银行账户以及其他主体。通过社会网络分析（Social Network Analysis，SNA）以及可视化工具（Visualization Tools）可以有效发现网络金融犯罪的模式与轨迹。学者 Walter Didimo 等（2014）利用增强的图形绘制技术，设计了新的网络化数据集的可视化探索算法和交互功能，提供了一个识别金融活动网络（Financial Activity Networks，FANs）的软件系统——Visfan，可以用来侦测金融犯罪行为。

在处理数据时，早期针对欺诈监测的技术通常采取神经网络、数据挖掘以及可视化方法等。Phua C 等（2010）界定了专业的欺诈者，并对已知欺诈的主要类型和其子类型进行规范与分类，并提出基于所收集数据类型的挖掘技术模型以实现更大成本节约的欺诈自动检测技术。Ahmed M（2016）针对金融欺诈检测、计算机网络入侵等网络金融犯罪行为，提出基于聚类的异常交易检测及欺诈检测技术。Abdallah A 等（2016），Adewumi A O 和 Akinyelu A A（2017）设计基于机器学习的信用卡欺诈检测技术。

陆岷峰和张盟（2016）认为，网络金融犯罪综合治理对策从法律途径上应当包括健全互联网金融法律框架体系，更新立法理念以应对网络金融犯罪新形势；从治理机制上应健全网络金融监管协调机制；从治理技术上需要构建基于大数据的信用风险评估机制，以提高涉网络金融犯罪的侦防能力。陈兴蜀等（2017）提出，面对日益升级的网络攻击与增长的网络安全隐患，基于大数据技术的大数据安全分析可以有效解决网络安全与情报分析中遇到的问题。一方面，基于批式数据与流式数据的分析处理技术可以处理实时网络数据的分析与还原，另一方面，基于大数据技术的安全分析在应对，如 APT 攻击、网络安全态势感知、网络异常检测等方面具有较好的表现。刘丹和王雷（2018）认为，大数据因具备容量大、类型多，其数据价值存在增值的特点，利用基于大数据技术的预警体系可以对网络金融犯罪作出预测性分析以及决策判断，从网络金融犯罪源头处着手预防以及治理网络金融犯罪现象。周韬（2018）依据不同客户组群之间资金往来的特征，提出资金交易权值计算方式，优化 Louvain—Method 社区算法，最终建立基于资金交易的金融网络犯罪团伙识别系统，实现对包括洗钱犯罪在内的金融犯罪的准确识别与打击需求。

2.2.3　社会信用体系

闻娜（2016）指出，相较于我国整体网络金融的发展态势，社会征信体系的建设步伐相对缓慢，由此引发潜在的风险与犯罪问题，借鉴国外网络金融个人征信体系的建设经验，针对我国个人征信体系的建设现状，提出完善征信法律制度、管理征信报告、建立个人信用评分以及依托人民银行征信系统构建网络金融子系统的建议。莫金兰（2016）认为，网络金融的快速发展虽然促进了金融业竞争格局的改变，提高了普惠金融的建设步伐，但是也带来了违法犯罪现象的发生。基于此，提出建设我国社会信用体系的治理对策，包括推进征信信息共享机制的建构、完善社会信用体系以及实现信息共享的目标。谢一奇（2017）认为，社会信用体系作为政府的治理工具之一，经历了政府主导下的社会信用体系建设的官方路径以及企业摸索下的社会信用体系建设的草根阶段，但是政府主导下的社会信用体系难以跟进以大数据为主的市场需求，而企业主导的社会信用体系建设又面临管理上的难题，基于政企协同的方式是建立社会信用体系的良好途径。庄永廉（2018）认为，治理网络金融犯罪应当加强社会信用体系建设的步伐。目前，基于大数据的技术革命正在促进社会信用体系构建的迭代升级，而信息化发展不均衡的现状引发转型阶段社会信用机制被滥用或恶意攻击，引发网络金融犯罪现象。因此，治理应当通过个人建立良好的信用基础，从而构建国家与社会层面的信用体系建立。陈宝友和陈宏健（2018）以 P2P 网络借贷平台的犯罪现象为研究对象，认为信用管理不足与信用建设缺失是导致 P2P 网络借贷平台犯罪事件频发的深层原因，因此其治理核心对策应当是网络借贷平台层面的信息管理能力提升与国家和社会层面的信用建设战略的建立。常振芳（2018）认为，目前网络金融平台上出现的由于借款者失信而引发的风险与犯罪现象，其实质源于借款人的有限理性以及网络金融平台没有在借款方与投资方之间建立有效的链接而出现的双方信息不对称问题。而信用体系的建立可以有效地实现网络金融平台的风险管理，其建设包括信息安全和信息共享建设、互联网金融大数据征信建设以及互联网金融失信惩戒机制建设。

2.2.4　网络金融监管体系

谭君（2014）针对 P2P 网络借贷风险和犯罪频发乱象的现状，提出面向 P2P 网络借贷行业的自律机制建设以弥补监管缺失导致的风险与犯罪问题。该文将 P2P 网络借贷平台划分为自律平台与机会主义平台两大类，总结出影响 P2P 网络借贷平台自律行为选择的影响因素，并由此推导出针对我国 P2P 网络借贷平台的监管策略与监管启示。李鑫萍（2015）从我国网络金融监管现状出发，认为目前我国网络金融监管法律法规不健全，无法适应金融创新的速度与步伐，由此引发诸如网络金融监管主体不明确、网络金融犯罪监管取证困难等问题。针对这些问题，首先应当引入发达国家的网络金融模式监管经验，其次应当加强网络金融监管的法律对策。樊蓉（2015）指出，网络金融犯罪案件查办存在刑事管辖权、电子证据效力以及犯罪与创新边界如何平衡等问题。除此之外，金融监管部门与金融检查部门之间的衔接与协调也是影响网络金融犯罪案件查办的重要因素。基于此，应当适当扩张犯罪地管辖原则、确定金融犯罪电子证据基本规则、完善金融犯罪刑事立法以及健全金融监管部门与金融检查部门的沟通机制。黄辛和李振林（2015）认为，网络金融领域的创新会架空已有的金融监管体系，因此，针对由于创新行为引发的网络金融犯罪，在刑事立法方面应当关注网络金融犯罪的本质属性，以不影响市场经济资源优化配置为原则，并且在刑法介入之前，优先与其他部门法相互协调，并依据不同法律效力位阶构建"阶梯式监管体系"。

2.2.5　国际合作

徐才淇（2017）认为，目前传统犯罪的网络异化与网络犯罪的跨国特性趋势明显，从治理立场与价值选择两个角度出发，认为根据我国国情，宜选择政府治理为主，自治为辅的治理模式，并给出逐步提升网络犯罪治理软实力、逐步转换现有治理观念、完善人才储备工作机制、引导对抗网络犯罪新技术以及加强国际合作等治理机制。马薇（2017）基于经济全球化与金融自由化的背景，认为跨区域的网络金融犯罪对全球的金融与社会安全秩序形成巨大威胁。针对跨区域的网络金融犯罪应采取国际治理经验与路径，建立区域性多方协作机制，消除规则差异，完善治理规范，并且需要加强国际性的司法协助和配合。戈亮与李文强（2017）认为，目前互联网法治保障缺失，法律法规体系不够健全，互联网信息审查与监督不力，由此引发涉互联网犯罪案件犯罪证据收集困难，犯罪罪名存在交叉。因此，针对涉互联网犯罪案件要注重国际治理先例、加强国家治理合作以及加强主体监管与行业自治等途径治理网络犯罪。

2.3 治理评价研究

何增科（2008）提出了三套我国治理评价指标体系，包括我国善治指数评价体系框架、我国低收入人群优先和性别敏感的民主治理评价体系以及我国公共治理评价体系框架。其中，我国公共治理评价体系框架包括参与性、透明性、法治、公平、责任性、回应性、效能、廉洁、和谐、合法性十个评价维度。何增科（2008）梳理了目前国内关于治理评价的文献。目前，国内有关治理的宏观评价体系包括现代化评价指标体系、全面建设小康社会进程统计监测评价体系、和谐社会评价指标体系、全国文明城市测评体系等；在治理的中观和微观评价体系研究中，包括城市法治环境评价体系、性别平等指标与妇女参政指标、社会稳定指标体系、政府绩效评价体系、党政领导干部政绩考核评价体系、公共服务公众满意度评价体系等。在已有的研究文献中，目前已形成包括俞可平"我国民主治理的主要评价标准与指标或关注重点"、包国宪"我国公共治理绩效评价指标体系"、天则研究所"我国省市公共治理指数"以及胡税根、陈彪"治理评估通用指标"四套治理评价体系。孟天广和杨明（2012）基于2008年我国公民意识调查及相关统计数据，构建模型并实证验证了治理绩效与政治信任之间的关联。在政府治理的主观与客观维度均表现为政治信任的来源逐渐由经济增长转变为政府对公共产品的提供。严玲等（2014）构建了公共项目治理绩效的测量框架，认为公共项目治理绩效的内涵即为在成本收益分析框架之下的交易费用理论形成的"交易效率"，在此基础上，将公共项目治理绩效划分为过程绩效维度与结果绩效维度。其中，过程绩效维度考察治理结构与治理机制的匹配程度，而结果绩效维度主要通过评价项目利益相关方的权责利制度安排以及

拟通过问卷调查的方式取得研究数据，利用结构方程模型对研究假设与影响因素的概念模型进行实证检验，探寻不同因素对我国网络金融犯罪综合治理效果的影响路径与具体的影响效应，为后文建立隶属于不同评价主体的我国网络金融犯罪综合治理效果评价指标体系提供理论依据。

（3）网络金融犯罪综合治理效果评价研究

进行网络金融犯罪综合治理效果评价的核心是建立一套行之有效的评价指标体系。本书基于对我国网络金融犯罪综合治理效果影响因素以及不同因素对我国网络金融犯罪综合治理效果的影响路径与具体的影响效应分析，建立隶属于不同评价主体的评价指标体系，采取相关实例，对构建的评价指标体系进行实证检验。

3　相关理论基础

网络金融犯罪综合治理是一项针对网络金融犯罪行为，由政府牵头，联合市场与社会多方力量共同参与，综合运用多种方法与措施，以打击与预防犯罪为主要目标的社会系统性工程。网络金融犯罪综合治理效果评价作为其中的重要环节，是客观反映网络金融犯罪综合治理效果，揭示网络金融犯罪综合治理中存在的不足，为未来网络金融犯罪综合治理指明改进方向的关键。本章从网络金融犯罪及网络金融犯罪综合治理的相关概念出发，阐述本书所需的多中心治理理论、委托代理理论与利益相关者理论等理论工具，明确网络金融犯罪综合治理效果评价的目的、功能与评价要素，为后续开展网络金融犯罪综合治理效果评价研究奠定理论基础。

3.1　网络金融犯罪

3.1.1　网络金融犯罪类型

早期金融机构内部防控技术的局限以及个人与机构信息安全意识薄弱，导致初期的网络金融犯罪现象在司法实践中，表现出针对个人与金融机构计算机系统、通信终端及其他相关设备的非法破坏与盗取信息，以及针对金融机构提供的金融产品与服务的犯罪行为。但是，无论是针对金融业务网络化早期的犯罪行为，还是针对网络金融化的犯罪行为，都呈现以围绕网络金融业务及从业机构开展犯罪行为的特征。根据我国司法实践，网络金融犯罪的案件几乎涉及金融互联网化与网络金融化这两条互联网与金融业相互作用进程中出现的所有业态。

根据目前我国的司法实践，网络金融犯罪类型可以大致分为两类：第一类是针对传统金融管理信息化实施的，危害金融领域内正常交易秩序、管理秩序、侵害公私财产所有权、情节严重的行为。其中包括以下三点：第一，针对传统金融业务的互联网化实施的犯罪行为，包括网络银行业务、网络保险业务以及网络证券等电子银行业务，所涉及的犯罪罪名包括洗钱犯罪、挪用资金犯罪、职务侵占犯罪、盗窃犯罪、诈骗犯罪、信用卡犯罪等，这些犯罪的本质是传统金融犯罪的网络异化。第二，针对金融计算机系统实施侵犯、破坏的犯罪行为，如非法进入互联网金融平台盗取资金或者对计算机系统造成损害的犯罪；非法获取互联网金融企业和客户金融信息，并对其账户进行非法资金划拨或者硬性上账的犯罪；伪造或变造金融凭证；明知他人实施侵入、非法控制计算机信息系统的违法犯罪行为而为其提供程序、工具，致使互联网金融企业重要信息系统及其重要环境发生重大故障和事故。第三，利用网络金融账号进行转移其他犯罪行为违法收入所得，并进行洗钱犯罪的行为。

第二类是利用网络金融化催生出的创新性金融业态、服务模式与从业机构，危害经济金融领域内正常交易秩序、管理秩序、侵害公私财产所有权、情节严重的行为。创新性金融业态与服务模式包括网络借贷、第三方支付、众筹融资、互联网银行、互联网消费金融、互联网供应链金融、互联网理财和互联网金融信息服务等。其中，涉及罪名包括涉嫌擅自设立金融机构犯罪、非法吸收公众存款犯罪、非法经营金融业务犯罪、集资诈骗犯罪、擅自发行股票和公司及企业债券犯罪等。

3.1.2　网络金融犯罪特征

（1）犯罪主体的专业性

网络金融犯罪行为，无论是针对传统金融业务系统实施的，危害金融领域内正常交易秩序、管理秩序、侵害公私财产所有权、情节严重的行为，还是利用网络金融化催生出的创新性金融业态与服务模式，危害经济金融领域内正常交易秩序、管理秩序、侵害公私财产所有权、情节严重的行为，都具有一个普遍的特征，即犯罪主体具有较为丰富的计算机与经济金融领域的专业知识。从已有司法实践看，网络金融犯罪主体的专业性还体现在犯罪实施中具有团体作案与分工合作的特征。以目前最新的木马病毒攻击为例，该类犯罪团体构成包括具有负责设计挖矿木马的技术人员、负责将设计好的挖矿木马封装在热门或指定程序（游戏外挂、盗版视频软件等）的人员、负责利用各种渠道（论坛、下载站、云盘等）推广程序的人员以及负责控制已植入计算机终端的人员等。

（2）犯罪手段的复杂性

网络金融犯罪还表现出犯罪手段的复杂性。以目前最新的木马病毒攻击为例，当用户不幸误进入设计好的程序中，其个人计算机会执行已植入的挖矿 JS 脚本，该脚本将用户的个人计算机链接到犯罪团体指定的矿池中进行挖矿。犯罪团体在获取到数字货币之后，通过其他手段进行数字货币的套利变现（如存入属于团体的电子钱包）。该类犯罪行为从违法犯罪实施到最终获取非法收益存在多个步骤，且各步骤之间又因为犯罪手段的复杂性使犯罪线索更加隐蔽。

（3）犯罪后果的严重性

网络金融犯罪还具有后果严重性的特征。以目前最新的木马病毒攻击为例，用户的个人计算机在误中挖矿木马时，其个人计算机将成为该犯罪团体获取非法收益的一个节点。同时，通过控制不同的计算机终端，犯罪团体可以利用这些已有的海量网络终端资源实施其他类型的犯罪行为，如对特定目标发动 DDoS 攻击、通过个人计算机终端发送木马病毒实施牟利以及盗取他人个人信息等。同时，犯罪团体获取的虚拟货币因为不受监管，可以在"暗网"中进行种类更多的违法交易，尤以枪支、毒品等为甚，贻害无穷。

3.2 网络金融犯罪综合治理

3.2.1 网络金融犯罪综合治理目标

本书根据我国网络金融犯罪现状与网络金融犯罪综合治理相关实践，将我国网络金融犯罪综合治理目标根据其优先级，划分为高级目标、中间目标与直接目标三个层次。其中，高级目标是消除风险隐患，维护金融领域以及更广泛的经济体系的安全；鼓励和保护真正有价值的网络金融创新，促进网络金融健康发展；回归金融本源功能，促进实体经济发展。中间目标是综合运用政治、经济、文化、法律、技术等多种方法，通过打击与预防、宣传与教育、监督与管理、建设与改造等多种手段与措施，实现治理体系与治理能力的现代化，达成预防与遏制网络金融犯罪的产生。直接目标是协调综合治理多元主体，通过出台相关政策、制定相关法律、构建有效监管体系等治理措施，直接打击网络金融犯罪行为。

3.2.2 网络金融犯罪综合治理内容

网络金融犯罪综合治理作为一项社会系统性工程，不仅在治理主体的选择上体现了多元性的特征，其综合治理内容也表现出系统性的特征。网络金融犯罪综合治理内容包括完善网络金融相关法律、建立网络金融犯罪综合治理机制、创新预防网络金融犯罪法律宣传、重构网络金融监管体系以及打击网络金融犯罪行为。

（1）完善网络金融相关法律

完善网络金融相关法律是指在法律层面，针对目前网络金融犯罪事实，进行相关设计，形成网络金融犯罪综合治理的法律保障。具体内容包括完善已有相关行政法的规定，增加目前新兴的网络金融违法行为，有效联合刑事立法，针对网络金融犯罪行为制定进一步的评估与规制。

（2）建立网络金融犯罪综合治理机制

网络金融犯罪综合治理不仅涉及多个治理主体的沟通协调，也涉及各治理主体不同部门的沟通协调。因此，网络金融犯罪综合治理机制的建立是网络金融犯罪综合治理的重要内容，包括政法部门间关于涉案财物的处置机制建立，政法部门与行业机构间的快速查询与冻结机制建立等。

（3）创新预防网络金融犯罪法律宣传

创新预防网络金融犯罪法律宣传是指充分利用现代信息媒介宣传网络金融相关法律，提高社会公众知法、懂法的法律素养与鉴别网络金融犯罪行为的能力。具体内容包括采取小视频、情景剧等方式，创新网络金融法律宣传形式；借助相关案件现实说法，更新网络金融法律宣传内容；利用现代互联网媒体，革新公众获取网络金融法律宣传的便捷程度等。

（4）重构网络金融监管体系

网络金融监管体系的完善是网络金融犯罪综合治理的重要环节。重构网络金融监管体系包括针对网络金融发展态势，完善已有的金融监管体系，结合我国网络金融涌现的不同业态，针对性地设立专门的监管部门。大力发展行业自律组织，完善相关行业公约，推出行业标准，建立行业自律监管力量，有效补充政府监管等。

（5）打击网络金融犯罪行为

网络金融犯罪综合治理的重要内容是打击网络金融犯罪行为。具体内容包括对犯罪行为进行预警，在犯罪数额较小、情节较轻的情形下，对犯罪行为进行控制，避免更严重的犯罪行为产生。对已产生的犯罪行为进行犯罪事实的认定与犯罪立案、犯罪线索侦查、刑事案件的起诉与案件的审判，依法打击犯罪行为，惩戒犯罪分子，树立法律威严。

3.2.3　网络金融犯罪综合治理过程

网络金融犯罪综合治理过程按照网络金融犯罪综合治理的生命周期可以分为制度建设、过程推进与目标实现。其中，制度建设是指在网络金融犯罪综合治理源头层面，制定网络金融犯罪综合治理的宏观目标、选择治理路径、构建治理机制以及完善法律与制度保障，是对网络金融犯罪综合治理的宏观指导。过程推进是指在网络金融犯罪综合治理过程层面，针对网络金融犯罪行为，综合运用各项措施，实施中观调控。过程推进具体可以细分为网络金融犯罪综合治理实施与网络金融犯罪综合治理支持。其中，网络金融犯罪综合治理实施是指依据所在地区网络金融犯罪现状，制订符合所在地区特点的治理方案，统一安排部署本地区综合治理工作的开展。网络金融犯罪综合治理支持是指其他参与网络金融犯罪综合治理的主体配合本地区网络金融犯罪综合治理方案实施，为本地区网络金融犯罪综合治理提供相应的技术支持与服务。目标实现是指在网络金融犯罪综合治理结果层面，以科学、有效的方法，对网络金融犯罪综合治理效果进行客观评价。

3.3 主要理论工具

3.3.1 多中心治理理论

（1）治理理论起源与发展

西方国家在现代社会发展早期经历了如金融危机、经济萧条等影响社会稳定的巨大难题，福利国家在社会快速发展的同时无法对已有资源进行公平、合理分配，产生了政府在社会资源分配上的失衡，继而引发了市场失效与政府失灵等严重问题。另外，随着全球化进程的加速、信息技术的快速发展与应用导致社会公共服务的需求呈现爆发式、多元化的增长，而已有的建立在单一政府管理角色的社会治理模式受到多维度、多方面的巨大挑战。随着跨国公司、非政府组织等实体积极参与社会治理，已有政府单一管理社会公共事务的垄断角色地位逐渐被打破。这些诸多因素都从不同角度推动了治理理论的产生。

治理理论的兴起从宏观层面可以认为是一次对西方国家政府、市场与社会间失衡关系的重新思考。有别于传统观念中对强势政府在社会公共管理领域大包大揽的认同，治理理论认为需要采取如缩减政府职能、在公共部门与公共服务领域引入市场机制等行为改善政府在公共管理领域的困境。但是，这些观点的背后并非意味着治理理论要将政府从社会公共管理领域剔除。相反，治理理论强调政府在社会公共事务管理上的重要作用，但是却提出政府并非是能影响社会公共事务管理的唯一主体。治理理论认为，政府应当与企业、非政府组织以及社会公众建立更为紧密的关联，以共同参与、协商互助的形式共同实现对社会公共事务的管理。在治理理论的语境下，治理途径从原有的行政权力与权威统治扩大到民主协商、公众参与等更广泛的解决途径。当代西方治理理论的主要观点：①治理主体的多样化。不光是政府，个人、市场主体、公共部门、社会组织等都可以是治理主体。②权力运行方向由单一方向转变为多维方向。传统政府管理公共事务的公权力逐渐向市场方与社会方进行让渡。③治理方式由早期的行政命令转变为各主体协商合作。④各主体之间的关系结构由上下垂直的等级结构转变为扁平式的网络结构。

（2）多中心治理理论的发展

多中心治理理论是西方治理理论的一个分支，是多中心思想与治理理论的结合。多中心（Polycentrity）思想被认为最早出现于英国学者 Michael Polanyi（迈克尔·波兰尼）的著作《自由的逻辑》*The Logic of Liberty* 中。Michael Polanyi 认为，组织秩序存在单一中心秩序与多个中心秩序。其中，单一中心秩序服从于外部权威实现组织共同目标，而多个中心秩序则指组织行为主体不需要服从外部权威，仅依靠共同承认的规则实现目标。Michael Polanyi 关于多中心的思想虽然隐喻，但是在字里行间包含了对于自生自发秩序合理性的肯定。

多中心治理理论来源于美国学者 Elinor Ostrom（埃莉诺·奥斯特罗姆）。在其著作《公共事物的治理之道》*Governing the commons：The evolution of institutions for collective action* 中，Elinor Ostrom 更加注重参与社会公共事务各主体之间的关联与互动，她认为除了中央集权的"利维坦"方案与彻底私有化方案之间，还存在针对社会公共利益受损的第三种方案，即社会公共利益的利益相关者共同管理社会公共事务。

（3）理论内涵

虽然除了 Elinor Ostrom 之外，其他学者，如 Michael Mcginnis（迈克尔·麦金尼斯）的著作《多中心体制与地方公共经济》（*Polycentricity and local public economies：Readings from the workshop in political theory and policy analysis*）、《多中心治理与发展》（*Polycentric governance and development：readings from the workshop in political theory and policy analysis*）以及 B. Guy Peters（盖伊·彼得斯）著作《政府未来的治理模式》（*The future of governing：Four emerging models*）都有对多中心治理理论的阐述，但是多中心治理理论的关键部分已在学术界取得了共识。

首先，在治理主体上，多中心治理理论强调政府是参与社会公共事务管理的主体，但不是唯一主体。社会团体、公共组织、社会公众都是参与社会公共事务管理的主体。多中心治理理论改变了以往政府单一管理社会公共事务的模式，推崇建立分权化的多主体共同参与社会公共事务的管理机制。在这其中，政府不再作为社会公共事务的直接管理者，而是作为各项规则制度的建立者以及治理过程的服务者。

其次，在治理结构上，多中心治理理论推崇建立一种基于网络状的社会管理结构，在这其中，参与社会公共事务管理的各主体能够直接进行互相交流。在这种网络状的管理结构下，各参与主体拥有平等性、独立性、竞争性、合作性与依赖性等特质。其中，平等性是指各参与主体拥有地位上的平等；独立性是指各参与主体不存在互相依附；竞争性是指各参与主体遵守已有规则制度，在其范围内合理有序形成竞争关系；合作性是指各参与主体互相合作，共同管理社会公共事务；依赖性是指社会公共事务管理需要各参与主体共同参与，缺一不可。

最后，在治理目标上，多中心治理理论提倡治理目标是为社会提供足额的公共产品与公共服务，满足社会公共利益。基于以上目标，多中心治理理论摒弃原有社会管理模式中的行政命令，推崇采取协商合作的方式最大化提高公共资源的配置效率、增加公共物品与公共服务的供给效率与产出质量。

（4）本土化下多中心治理理论的现实应用

在治理理论的发展初期，经历改革开放后的我国政府便吸收其思想内涵并运用到治理影响社会稳定的青少年犯罪问题上。随后，在1991年由中央政府成立的"中央社会治安综合治理委员会"（以下简称中央综治委），作为协助党中央、国务院领导全国社会治安综合治理工作的常设机构，进一步加强政府对社会治安问题的综合治理。中央综治委在初创时期，其成员单位包括中华人民共和国公安部、中华人民共和国商业部、中华人民共和国卫生部、中华人民共和国文化部、中华人民共和国国家工商行政管理局等。其后，随着治理工作的不断推进，中央综治委的成员单位增加了包括中华人民共和国交通部、中国人民银行、中央纪律检查委员会等在内的众多部门。

2011年，由中共中央办公厅、国务院办公厅发布的《关于中央社会治安综合治理委员会更名为中央社会管理综合治理委员会的通知》（中办发〔2011〕30号），其中指出"中央社会治安综合治理委员会"更名为"中央社会管理综合治理委员会"，并且强调"中央社会管理综合治理委员会是党中央、国务院的协调机构，负责协调、指导各地区各部门贯彻落实党中央、国务院关于加强和创新社会管理的决策部署，重点协调、推动涉及多个部门的社会管理重要事项的解决"。新成立的中央社会管理综合治理委员会的成员单位包括在原有中央综治委的成员单位基础上，新增多个成员部门，总成员部门数量达到51个。2014年，中央政府为了集中精力进一步做好社会平安建设，决定将中央社会管理综合治理委员会恢复为中央社会治安综合治理委员会①。2018年，由中共中央印发的《深化党和国家机构改革方案》，指出"不再保留中央综合治理委员会，其相关职责交由中共中央政法委员会承担"。②

多中心治理理论在我国本土的现实应用，经历了从社会管理到社会治理的转变，体现了政府对公共事务领域施政的理念变革。这些理念的变革首先表现为政府在公共事务领域的角色由原先强制性的大包大揽，转变为除了发挥政府作用，也需要依靠其他主体的共同参与，体现出一种最大化调动社会力量进行社会治理的理念革新。其次，社会治理不同于社会管理，以思想教育、道德引领、法律规制等方式替换行政化的强制管理，体现了治理手段的革新。最后，社会治理背后蕴含的民主化、法

---

① 《检察日报》2010年10月10日在一篇题为《扎实推进司法体制改革试点工作 努力提高新形势下政法工作能力和水平》中提道"最近，中央决定，将中央社会管理综合治理委员会恢复为中央社会治安综合治理委员会，目的是集中精力抓好平安建设"。

② 2018年2月26-28日，我国共产党第十九届中央委员会第三次全体会议在北京召开。全会审议通过了《中共中央关于深化党和国家机构改革的决定》和《深化党和国家机构改革方案》。

制化等内涵有利于各参与主体之间在平等互利的基础上有效解决矛盾、化解冲突，形成平等互利、竞争合作的治理结构，实现社会发展与公共利益的最大化。

3.3.2 委托代理理论

委托代理理论产生于 20 世纪 70 年代经济学与制度理论的结合。目前，学术界关于委托代理理论的提出尚有争议。学者 Stephen Ross 和 Barry Mitnick 认为，委托代理理论出自他们关于描述个人在选择不同口味冰激凌时的难题。而美国经济学家罗斯（Ross S A）在 1973 年出版的著作《代理的经济理论：委托人的问题》（*The economic theory of agency：The principal's problem*）中提出"若在双方之间产生一方（代理人）代表另一方（委托人）的利益行使决策权，则产生委托代理关系"。但是，目前学术界中有关委托代理理论引用最多的文献来源于詹森（Michael C. Jensen）和梅克林（William Meckling）的著作。詹森和梅克林在 1976 年发表的《企业理论：管理行为、代理成本和所有权结构》（*Theory of the firm：Managerial behavior，agency costs and ownership structure*）文章里，将委托代理关系界定为一方（委托人）以契约约定方式给予另一方（代理人）决策权力，委托代理人以委托人自身利益为目的开展活动。并且认为，公司治理的目标是协调委托人（公司所有权所有人）与代理人（公司经营者）之间的利益分配。其后，随着多年的发展，委托代理理论已经形成了完善的理论体系。早期的委托代理理论主要用来分析公司治理问题中的委托代理现象。但是，随着研究的逐渐深入，学者发现委托代理现象普遍存在于组织中。只要任意层级的委托人给予代理人部分权力，委托代理关系就随之产生。

委托代理理论产生源于学者从经济生活中观察到的委托代理问题。委托代理问题（Principal-agent Problem），也称为代理困境（Agent Dilemma）或代理问题（Agent Problem）发生在一方（代理人）能够代表另一方（委托人），或者对另一方产生影响，作为代理人作出决定、采取行动。这种困境存在于代理人的决策是基于自身利益最大化为决策基准。而这通常会与委托人的利益产生冲突。委托代理关系普遍存在于日常经济生活中。其中，最常见的例子包括公司经理层（代理人）与股东（委托人）；政客（代理人）和选民（委托人）；律师（代理人）和当事人（委托人）等。委托代理问题出现的原因在于，代理人与委托人之间存在不同的利益和双方之间的信息不对称。通常而言，代理人较之委托人拥有更多的信息。如此，委托人无法确保代理人始终代表委托人的最大利益行动。其中，代理人偏离委托人的利益称为"代理成本"。

委托代理理论主要解决委托代理关系中委托人与代理人在信息不对称下双方的

目标效用冲突。委托代理理论利用模型化的方法建立一种合理机制有效解决委托代理问题。在委托代理关系下，委托人无法观察代理人的日常行为，只能寻求其他途径获取关于代理人的信息。因此，委托人只能根据已知的信息采取对代理人的激励选择（奖励或者惩罚），以此促使代理人作出有利于委托人的行为。委托代理理论为解决委托代理问题提供了一个基于信息经济学的视角，该理论认为，委托人与代理人之间由于信息不对等，产生非对称信息现象。其中，代理人拥有委托人没有的私人信息。

委托代理理论认为，基于非对称信息的视角，代理成本可以表现为道德风险与逆向选择两种。其中，道德风险是指一方在不承担风险的同时作出最大化自身利益的行为，而将风险转移到合约的另一方。逆向选择是指由于信息不对称带来的"劣币驱逐良币"，由此引发市场失灵现象。委托代理理论认为，由非对称信息产生的代理成本是无法避免的，但是其他损失则可以用良好的制度进行制约。

对于道德风险，委托代理理论认为，可以采取提高激励效用的方法解决。委托人可以设计合理的激励机制，并建立有效的监督机制制约代理人的行为，此举可以控制代理人的行为朝着保障委托人利益的方向进行。针对逆向选择问题，委托代理理论认为，可以采取措施降低信息公开成本，降低委托人与代理人之间信息不对称的程度。

3.3.3　利益相关者理论

（1）起源与发展

利益相关者理论源于早期企业管理领域的研究。1959 年，由时任约翰霍普金斯大学的学者安蒂思·潘罗斯（Edith Penrose）在其著作《企业增长理论》（*The Theory of the Growth of the Firm*）中，提出公司是"一个管理组织，同时也是人力、物力资源的集合"。该观点的提出为利益相关者理论的产生奠定了基础。随后在 1984 年，由学者爱德华·弗里曼（R. Edward Freeman）在其著作《战略管理：利益相关者方法》（*Strategic Management: A Stakeholder Approach*）中提出利益相关者理论，认为公司的生存与发展同利益相关者存在紧密的联系，利益相关者依靠企业实现自身目标，而公司依靠利益相关者维持生存。弗里曼在其著作中将利益相关者划分为广义利益相关者与狭义利益相关者，其中广义利益相关者是指能够影响组织目标实现，或者组织目标的实现所影响到的群体；而狭义利益相关者是指组织在实现其目标过程中必不可少的群体。学者克拉克森（Max E. Clarkson）（1995）提出了有别于弗里曼关于利益相关者的界定。他认为，利益相关者是指那些在企业实际经营中投入各种资本，并且实际承担企业风险的群体。

在利益相关者理论被提出后，继而引发如何对利益相关者进行划分的研究。弗里曼（1984）认为，可以基于利益相关者对公司提供资源的种类将其划分为所有权利益相关者、经济依赖性利益相关者以及社会利益相关者。其中，所有权利益相关者是指由公司的董事会成员及经理人等，因其持有公司股票进而直接享受公司剩余价值的分配，所以将其划分为所有权利益相关者。经济依赖性利益相关者是指由公司内部员工、公司债权人、公司商品服务提供依赖的供货商等群体，因其利益的获取建立在公司利益的获取之上，所以将其划分为经济依赖性利益相关者。以政府、媒体等群体为代表的群体的利益形成与公司利益形成存在间接关系，因此将其称为社会利益相关者。

Clarkson（1995）则提出以利益相关者与公司利益作用机制将其划分为直接利益相关者与间接利益相关者。其中，直接利益相关者是指与公司发生市场关系的群体，以债权人、股东、员工等为主。而间接利益相关者是指与公司发生非市场关系的群体，以政府、社区等为主。Mitchell（1997）将公司利益相关者按所具备的属性分为合法性、权力性以及紧迫性。若同时具备以上三种属性，则将其称为确定型利益相关者，包括股东、员工、公司客户等；若具备三种属性中的任意两者，则称为预期型利益相关者，如媒体、社会组织等是拥有合法性与紧急性的群体；若只具备三种属性中的一种，则称为潜在型利益相关者。Wheeler（1998）从社会性及影响力两个角度将利益相关者划分为四类：其一是主要社会利益相关者，具有社会性，其直接参与公司经营活动，包括投资人、客户、员工等；其二是次要社会利益相关者，这部分群体具有社会性，但不直接参与公司经营活动，如政府、媒体、竞争公司等；其三是直接的非社会利益相关者，该群体不具有社会性，但会对公司产生影响，如自然环境等；其四是次要非社会利益相关者，他们没有社会性，也不会对公司产生影响，如环境压力集团等。

利益相关者理论虽然产生于企业管理领域，但是因其理论核心思想在于提供一个基于系统观的理论视角，将公司作为社会网络的组成成员，分析与其存在利益关联的各群体之间的行为与利益诉求。利益相关者理论如今也被大量运用到公共项目管理领域，如公共项目绩效研究、企业碳信息披露领域研究等。

（2）理论内涵

利益相关者理论提供了一个基于系统观察的视角，该理论试图解决在公司治理中"谁或什么才是真正重要的原则"问题。传统公司观点认为，只有公司的所有者或股东对于公司而言才是重要的，公司的一切行为应以最大化股东利益为行事准则。但是，利益相关者理论则认为，除了公司股东外，公司还应该增加其他团体，如员工、客户、银行、政府等的利益。这些群体为公司的运营提供了不同要素，同样也承担了公司运营过程中产生的风险。因此，公司的经营目标是最大化这些群体的利益，而非仅仅为股东服务。基于此设想，利益相关者理论认为，公司内部治理也应包含利益相关者。

利益相关者理论深化了传统公司治理研究中有关委托代理理论的内涵。委托代理理论认为代理人基于自身利益驱使，其行为目标着重于增加自身的利益，而非委托人的利益，因此会出现与委托人目标不一致的行为，进而产生双方利益冲突的情况。在公司治理中，代理问题常出现在公司的经营者（代理人）与公司股份持有者（委托人）之间。

而利益相关者理论的发展，扩充了公司治理中委托人的范围，该理论认为，公司股东在公司运营中仅提供金融资本，除此之外，公司员工、公司供应商、公司债权人同样为公司正常运转提供诸如人力资本、实物资本等在内的经营要素，公司的正常运转同样无法离开这些群体的支持。因此，这些群体同样应当享有公司治理的职权。利益相关者理论的引入为研究公司治理提供了全新的审视角度，研究人员不再将已有目光聚焦于所有者（委托人）与经营者（代理人）之间的委托代理关系，而是将任何影响公司利益的群体，或者公司经营会影响到利益的群体统一纳入研究框架中，推动了理论与现实的进一步融合。

3.4　网络金融犯罪综合治理效果评价的目的、功能与要素

3.4.1　评价目的

确立网络金融犯罪综合治理效果评价的目的是整个评价活动开展的关键，有助于确立评价包含的关键要素，如评价主体、评价标准与评价视角等。

评价的目的关乎进行评价的理由，或者是需要通过评价展示的某种价值或对该价值进行未来预测。网络金融犯罪综合治理的直接目标是打击目前存在的网络金融犯罪行为，保障社会公众对自身财产安全的迫切需求。除此之外，网络金融犯罪综合治理还包括其他目标。开展网络金融犯罪综合治理效果评价，是对网络金融犯罪综合治理达成的不同的目标进行客观、科学的评价。通过网络金融犯罪综合治理效果评价的结果，能够明晰网络金融犯罪综合治理的目标达成程度，以便准确判断网络金融犯罪综合治理实践中存在的问题和不足，为未来网络金融犯罪综合治理改进提供具体的目标与方向。

3.4.2　评价功能

（1）判断功能

评价最基本的功能是提供对被评价对象合理与准确的认知。网络金融犯罪综合

治理效果评价的首要功能是使相关人员、部门、机构对目前网络金融犯罪及网络金融犯罪综合治理现状具备准确与清晰的认识，依照已有的相关标准对该现状进行价值判断。开展网络金融犯罪综合治理效果评价，为评价主体与评价客体之间建立了价值关系，并在一定标准下对该价值关系作出基本判断。网络金融犯罪综合治理效果评价作为揭示目前网络金融犯罪现状与综合治理实施成效的工具，为客观、正确认识网络金融犯罪综合治理实践提供了直观依据。

（2）预测功能

评价也可以预测未来评价主体与评价客体之间价值关系的变化，体现评价活动的预测功能。以网络金融犯罪综合治理效果评价为例，当评价主体按照确定的评价标准对网络金融犯罪综合治理效果进行判断，若网络金融犯罪综合治理效果的判断价值为负，参与网络金融犯罪综合治理的多元主体便会对网络金融犯罪综合治理施加正面的影响，在宏观层面上表现为对网络金融犯罪综合治理进行的整体目标规划与治理措施重新调整。

（3）选择功能

网络金融犯罪综合治理是一项系统性工程，参与网络金融犯罪综合治理的主体具有多元性特征。各主体在参与网络金融犯罪综合治理时，既满足经济学理论中关于个体行为选择的"理性人"假设，又符合作为一个群体受限于群体意志的影响。即参与网络金融犯罪综合治理的多元治理主体，在综合治理过程中，面临多重角色冲突下的行为选择问题。网络金融犯罪综合治理效果实现是一个非常复杂的过程，需要通过一系列政策措施的实施才能达到。因此，通过网络金融犯罪综合治理效果评价可以引导参与网络金融犯罪综合治理多元治理主体的行为选择，使其在个人利益、组织利益与公众利益的选择上达到平衡。

（4）导向功能

评价是通过研究、解释、反映价值的活动，其最终目的在于指导个体与群体的行为选择。在网络金融犯罪综合治理效果评价中，对效果价值的判断、效果价值的预测与多元治理主体行为选择的引导，最终将隶属于网络金融犯罪综合治理效果形成的导向功能。实施网络金融犯罪综合治理，其最终目的在于打击已有网络金融犯罪行为，预防未来网络金融犯罪产生。因此，只有通过开展网络金融犯罪综合治理效果评价，才能实现对已有网络金融犯罪与网络金融犯罪综合治理现状的正确评价判断，引导未来参与网络金融犯罪综合治理各主体的行为趋向于拟订治理目标与治理效果的形成。

3.4.3 评价要素

（1）评价主体

网络金融犯罪综合治理效果评价的主体选择是保证评价结果是否客观、公正、有效的关键因素。网络金融犯罪综合治理是以政府为主导，其他治理主体共同参与生产的一种制度性公共产品，因此评价会涉及对政府及其他治理主体的评价。目前，涉及对政府的评价，多以政府绩效评价为主，在实践中多表现为政府作为评价主体开展自我评价，或是政府上级部门对下级部门进行评价，这难免会产生"既当运动员，又当裁判员"的局面，有碍评价结果客观、公正与有效。

对于"既当运动员，又当裁判员"的情况，部分学者也进行了相关研究。如吴建南和岳妮（2007）认为，评价主体与评价对象之间应该减少利益相关性，并利用模拟实验的方法得出，评价主体与评价对象之间利益相关性越小，评价结果越客观的结论。他们认为，在现实评价中，当其他条件不变时，评价主体与评价对象之间利益相关性越弱越能保证评价结果的客观性。彭国甫和盛明科（2008）认为，政府绩效评价的不同主体存在利益偏好与认知差异，因此不同主体的评价结果具有符合自身利益的趋势，而这会导致评价结果的偏差。因此，应当从培育评价主体成熟的利益、健全评价主体利益整合制度等方法的角度，缩小评价主体之间的利益差异，保证评价结果的科学、合理。刘笑霞（2011）认为，可以依据政府内外部的公共受托责任关系确定评价主体，构建一个基于政府公共受托责任关系链上不同层次的多元评价主体体系。

网络金融犯罪综合治理本身属于一种制度性公共产品。其具备的治理目标的公益性以及结果的外部性特点，决定了网络金融犯罪综合治理必须由政府进行主导设计，其他治理主体共同参与。因此，在这其中，存在政府与其他治理主体之间的委托代理关系。若继续沿用政府作为评价主体进行评价，则难免影响评价结果的可信性。因此，以政府为主，委托专业的第三方评价机构进行评价，可以有效降低由于委托代理关系产生的信息不对称，提高评价结果的整体可信程度。在网络金融犯罪综合治理中的第三方评价，主要包括独立的社会组织、提供评价服务的公司、科研院所和由专家学者组成的评价委员会。以第三方评价机构作为独立的外部评价主体，不但可以使政府更专注于网络金融犯罪综合治理，还可以提供一个更为独立、客观的视角，有效提高评价的专业性与结果的客观性与公正性。目前，第三方评价已经成熟地运用到高等教育质量评价与政府提供公共服务绩效评价等相关领域。

本书在第三方评价基础上，选择由具有网络金融犯罪研究及网络金融犯罪综合治理领域的专家学者，以及普通社会公众共同组成的我国网络金融犯罪综合治理效果评价第三方评价主体，既可以满足该评价主体与参与网络金融犯罪综合治理主体间的弱利益相关性，也可以满足评价主体背景上具有的不同利益偏好与认知差异。这对完善我国网络金融犯罪综合治理效果评价具有极大的裨益，也是保证评价结果客观、公正的基础。

（2）评价客体

评价研究中的评价客体是评价研究的对象，对网络金融犯罪综合治理效果评价而言，上一级政府委托第三方评价主体对处于下一级政府实施网络金融犯罪综合治理的效果进行评价，因此下一级政府与网络金融犯罪综合治理效果是评价中的客体。网络金融犯罪综合治理效果包含了以下多个维度。

1）对犯罪事件的有效打击。以司法机关为主，依照相应刑事司法程序对网络金融犯罪案件依法打击。具体内容包括侦查机关对网络金融犯罪案件的立案侦查；检察机关对侦察机关的侦查结果进行法律监督与对犯罪嫌疑人提起公诉；审判机关对网络金融犯罪嫌疑人依照相关法律进行审判。

2）预防犯罪行为产生。即以行政机关为主，其他综合治理主体为辅，以预防犯罪为目标实施一系列政策措施。具体内容包括政府部门中的法律宣传部门依据所在行政辖区特点制订与之相适应的法律宣传方案，网络金融监督与管理部门针对地区网络金融机构实施日常监督管理等。

3）实现网络金融犯罪综合治理能力与治理体系现代化。网络金融犯罪综合治理在未来应当建立现代化的治理体系，涵盖了从打击与预防、宣传与教育、监督与管理、建设与改造等一系列措施与制度。充分利用现代化信息技术，采取大数据、云计算、人工智能等在内的新兴技术手段，转被动防御为主动预警，充分实现打击与预防犯罪能力的现代化。

4）通过实施网络金融犯罪综合治理，实现包括公众法律意识提升、公众预防犯罪能力增强与公众满意度提升等在内的一系列社会效果。网络金融犯罪综合治理实施既要保护金融体系乃至更广泛的经济体系的安全稳定，也要满足社会公众对自身财产安全的需求，其最终目的在于通过实施网络金融犯罪综合治理，实现人与社会发展之间的平衡，提升整个社会的福利水平。

（3）评价标准

本书针对我国网络金融犯罪综合治理的实践情况，结合相关法律法规与制度，针对我国网络金融犯罪综合治理效果，设立以下三个层次标准。

第一个层次标准是司法机关对网络金融犯罪分子依法打击。该效果使网络金融犯罪分子对实施网络金融犯罪行为心怀恐惧，不再将犯罪目标聚焦于网络金融，不再利用网络金融实施犯罪行为，犯罪分子因为实施犯罪行为困难性提升以及对法律刑罚处罚带来的恐惧感而降低自身的犯罪动机，整体社会环境下网络金融犯罪行为减少，预防犯罪目标达成。

第二个层次标准是建立了严密的网络金融犯罪防控体系。在该防控体系下，一旦犯罪分子利用网络金融实施犯罪行为，或者针对网络金融为目标实施犯罪行为，便会受到相应政府监督管理部门的注意。政府监督管理部门汇合公安机关对犯罪分子实施严密监控，在确认犯罪事实之后予以立即打击与处置，避免日后发展成后果更严重的犯罪事件。

第三个层次标准在于通过实施网络金融犯罪综合治理，在打击与预防犯罪的基础上，充分提高公众法律意识与防范意识与能力，建立网络金融犯罪"群防群治"的工作局面，有效提升网络金融行业自律能力，有效培育网络金融社会监督力量，发展与壮大除政府监管外的行业自律与社会监督职能，建立更有效的网络金融犯罪监督与管理体系，确保网络金融犯罪在根源上"无处藏身，无所遁形"。

以上三种网络金融犯罪综合治理效果评价标准并非独立，而是互有关联。这些标准共同构成了我国网络金融犯罪综合治理效果评价的标准。

（4）评价指标的产生

网络金融犯罪综合治理效果评价的指标是进行评价的关键。目前，学术界关于指标的理论研究主要集中于指标筛选、优化与权重计算。其是一种关于衡量评价目标，以及如何增进指标体系整体的科学性的方法。

在设计网络金融犯罪综合治理效果评价的指标上，本书采取如下思路：首先，利用多中心治理理论识别网络金融犯罪综合治理的多元治理主体，利用利益相关者理论对识别出的多元治理主体进行层级划分。其次，结合相关理论与网络金融犯罪综合治理实践，提出不同层级治理主体对网络金融犯罪综合治理效果的影响机理，归纳影响因素，提出研究假设，构建我国网络金融犯罪综合治理效果概念模型。再次，利用调查问卷的形式收集研究数据，采用结构方程模型对研究假设与影响因素的概念模型进行实证检验，确定影响因素之间及对网络金融犯罪综合治理效果的影响路径与具体的影响效应。最后，结合我国网络金融犯罪综合治理实践，分别选择专家评价与公众评价指标，构建我国网络金融犯罪综合治理效果专家评价与公众评价指标体系。网络金融犯罪综合治理效果指标设计的思路如图3-1所示。

规相抵触的前提下，可以制定地方性法规，报全国人民代表大会常务委员会备案。"

国家立法机关在我国法律制定过程中占据了主体地位，其职责首要在于保障宪法的实施。相较于其他制定行政法规、行政规章、地方性法规和规章的立法主体，国家立法机关无论是在法律制定的内容、适用范围以及法律效力上都是其他立法主体无法比拟的。除此之外，国家立法机关负责构建国家的法律规范体系。我国目前已形成由宪法为根本大法，法律为主要部门，其他行政法规、地方性法规为辅助的7个法律部门与3个层次法律规范构成的法律体系。其中，7个法律部门包括宪法类、行政法类、民商法类、经济法类、社会法类、诉讼法类与刑法类。而相应的行政法规与地方性法规和规章主要起到维护法律实施的目的。

地方性立法机关在我国法律制定过程中，表现出从属性、实施性与地方性等特点。地方立法机关制定地方性法规和规章主要目的是根据各地发展的实际需要，制定相关法规规章，保障法律的有效实施，解决地方发展遇到的实际问题。

在网络金融犯罪综合治理过程中，国家立法机关主要负责与网络金融犯罪相关的7个部门法律的修改。地方立法机关则根据当地网络金融犯罪的实际状况与网络金融犯罪综合治理的现实需要，制定相关地方性法规和规章，保障网络金融犯罪综合治理的有效开展。国家立法机关与地方立法机关作为提供网络金融犯罪综合治理法律保障的主体，是网络金融犯罪综合治理最重要的力量。

4.1.2 行政机关

我国网络金融犯罪综合治理主体中的行政机关，包括中央政府、地方政府及各级政府内部的相关行政职能部门。其中，中央政府作为我国网络金融犯罪综合治理的最高决策层，起到对我国网络金融犯罪综合治理的宏观指导作用。如在中央政府2016年的政府工作报告中指出"规范发展互联网金融……整顿规范金融秩序，严厉打击金融诈骗、非法集资和证券期货领域的违法犯罪活动……"。[①] 2017年中央政府工作报告中，中央政府继续重申"高度警惕不良资产……，互联网金融等累计风险，整顿规范金融秩序，筑牢金融风险'防火墙'……"。[②] 2018年政府工作报告更加明确指出，要坚决打好"三大攻坚战"，其中之一便是推动重大风险防范化解取得明显进展。该报告指出"当前我国经济金融风险总体可控，要标本兼治，有效消除风险隐患。严厉打击非法集资、金融诈骗等违法犯罪活动……"[③] 并且在"打造共建共治共享社会治理格局"中进一步指出"推进平安中国建设……，惩治盗抢

---

① 国务院关于落实《政府工作报告》重点工作部门分工的意见，国发〔2016〕20号。
② 国务院关于落实《政府工作报告》重点工作部门分工的意见，国发〔2017〕22号。
③ 国务院关于落实《政府工作报告》重点工作部门分工的意见，国发〔2018〕9号。

骗黄毒赌等违法犯罪活动,整治电信网络诈骗、侵犯公民个人信息、网络传销等突出问题,维护国家安全和公共安全"。[1]

相对于中央政府在我国网络金融犯罪综合治理中的宏观指导,地方政府在我国网络金融犯罪综合治理过程中更多起到区域性网络金融犯罪综合治理中观管理与微观实施作用。

我国政府按照层级划分可以分为中央政府、省级政府、市级政府、县级政府以及乡镇政府。以下将除中央政府以外的其余层级政府统称为地方政府。中央政府与地方政府是上下级政府的关系,同样在地方政府内部也存在上级政府与下级政府的关系。无论是中央政府与地方政府之间,还是地方政府内部之间都存在委托代理关系。上级政府较下级政府表现出行政权力的集中,上级政府通过各类目标传导机制将施政目标下派到下级政府或所属的下级职能部门,同时采取相关激励督查机制引导下级政府的行为,充分调动政府组织内相应资源实现目标任务的整合与达成。

网络金融犯罪综合治理作为一项制度性公共产品,其本身具有的非竞争性与非排他性的特征,使政府成为主要的投入方。在具体实践中,地方政府中的上级政府(以省、市级政府为主),主要负责根据所辖行政区域内网络金融发展状况、网络金融犯罪现状与网络金融犯罪综合治理实践,制订所辖地区网络金融犯罪综合治理的具体目标与实施方案,对下级政府进行监督与督查,是网络金融犯罪综合治理的中观管理方。处于县乡级的政府作为网络金融犯罪综合治理的微观实施方,综合实施网络金融犯罪综合治理措施,包括网络金融监管(各级金融监管部门与市场监督管理部门)、网络金融政策法规制定与宣传(各级司法行政部门)及其他相关辅助部门。[2]

4.1.3 司法机关

目前,我国学术界关于司法机关的认识主要有三种观点:第一种观点受到西方三权分立观点的影响,认为司法机关严格意义上只包括行使司法权的法院,而将检察机关归属于行政机关。第二种观点认为,我国司法机关应当指代表国家行使司法权的机关总称,包括行使审判权的人民法院与行使监督权的人民检察院。第三种观点则认为,凡涉及司法工作的机关都是司法机关,包括人民法院、人民检察院、公安机关与司法行政机关。本书采用司法机关的广义概念,将我国网络金融犯罪综合治理中行使打击与预防犯罪的职能部门统称为司法机关,它们具体包括各级公安机

---

[1] 国务院关于落实《政府工作报告》重点工作部门分工的意见,国发〔2018〕9号。
[2] 国务院办公厅关于印发互联网金融风险专项整治工作实施方案的通知,国办发〔2016〕21号。

关、各级人民检察院与各级人民法院。

在网络金融犯罪综合治理中，公安部门更多的是履行打击网络金融犯罪与维护社会秩序的职能。按照刑事诉讼的一般流程，网络金融犯罪刑事案件处置包括立案、侦查、起诉、审判与执行五个阶段。根据《刑事诉讼法》的相关规定，除了公诉案件由检察机关处置以及法律另有规定情形之外，一般公安机关直接受理对相关报案材料的审查与决定是否进行刑事立案，还是将其转为其他的一般救助或是行政违法案件。在网络金融犯罪综合治理中，各级公安机关的具体职能在前期表现为接受群众报警、受理报警案件与案件初查。经过案件初查的结果反馈，各级公安机关决定是否进行立案与针对立案开展刑事侦查。除此之外，在处理涉众型犯罪案件时，各级公安机关还需要配合当地政府维护社会治安与稳定，预防群体性事件的发生。各级人民检察院作为刑事诉讼流程中的检察机关，在网络金融犯罪综合治理中主要行使对各级公安机关自行侦查案件的检察权。各级人民检察院有权决定是否逮捕、起诉或者不起诉相关网络金融犯罪嫌疑人和对网络金融犯罪刑事案件是否进行公诉，以及行使对各级公安机关在刑事案件的立案与侦查阶段的监督职能。各级人民法院作为审判机关，在网络金融犯罪综合治理中，主要承担对网络金融犯罪刑事案件的审理和裁判，以及联合公安机关对犯罪案件审判结果的执行。

4.1.4　市场参与方

网络金融犯罪综合治理不仅需要立法机关、行政机关与司法机关的参与，也需要市场参与方的参与。网络金融犯罪综合治理市场参与方主要包括互联网企业、金融机构以及行业协会。传统金融机构已经不再是市场上提供金融服务的唯一中介方。由电子商务机构、互联网企业等"新贵"组成的互联网金融生态，替代、补充与促进了原有单一的传统金融生态，逐渐形成新型的金融生态。在新型的金融生态里，电子商务机构与互联网企业作为金融服务的提供方，不仅拥有更为先进的技术，同时坐拥巨大数据流量，在信息收集、数据处理、可疑交易分析、异常行为检测与犯罪行为预警等方面具有先天的优势，是网络金融犯罪综合治理的关键。

除此之外，网络金融行业协会是补充除政府监管网络金融之外的有益市场监督力量。网络金融行业协会目前有由人民银行牵头成立的我国互联网金融协会，以及根据地区网络金融行业发展实际需求成立的区域性网络金融协会，如北京市互联网金融行业协会、上海市互联网金融行业协会以及广东互联网金融协会等。网络金融行业协会不仅承担组织、引导与督促协会成员遵守相关法律法规、政策文件的职责，还肩负制定行业自律公约及相关行业标准与技术规范等职能。网络金融行业协会针对协会成员实施自律管理，针对会员违规行为实施相应惩戒措施，对会员的违规行为可能涉及犯罪的情形，协会负有依法将其移送至各级公安机关的职责。网络金融行业协会是网络金融犯罪综合治理中市场监督的重要力量，它们的有效参与是网络金融犯罪综合治理中预防犯罪的重要保障。

4.1.5 社会参与方

网络金融犯罪综合治理的社会参与方是取得与扩大网络金融犯罪综合治理效果不可或缺的关键。网络金融犯罪综合治理社会参与方包括社会组织、公共媒体以及社会公众。社会组织、公共媒体与社会公众一起行使社会监督职能，是构成除政府监管、行业自律之外的第三道网络金融监督与管理防线。其中，社会组织是除政党、政府之外的各类民间性组织，包括社会团体、基金会与民办非企业等。如参照社会治安综合治理，在网络金融犯罪高发区建立社区居民网络金融犯罪防范组织，由当地政府、相关企业、居民委员会与志愿者等共同参与，帮助孤寡老人等社会弱势群体远离网络金融犯罪。公共媒体在网络金融犯罪综合治理中行使舆论监督职能，帮助社会公众了解网络金融知识和网络金融犯罪案件类型，提高社会公众预防与鉴别网络金融犯罪案件的能力和知晓网络金融相关法律法规的法律素养。社会公众作为网络金融犯罪综合治理中最为庞大的群体，是网络金融犯罪综合治理效果形成的基础。只有当社会公众充分提高自身法律素养与提升鉴别网络金融犯罪案件的能力，犯罪分子才能在真正意义上无从下手，网络金融犯罪案件才能在社会上无所遁形。

4.2 基于利益相关者理论的网络金融犯罪综合治理主体层级划分

前一节利用多中心治理理论识别出我国网络金融犯罪综合治理主体包括立法机关、行政机关、司法机关、市场参与方与社会参与方共五类。本节利用利益相关者理论，筛选我国网络金融犯罪综合治理主体的特征属性，构建我国网络金融犯罪综合治理主体层级划分模型，依据不同层级治理主体特征属性的得分，将我国网络金融犯罪综合治理主体划分为确定型治理主体、预期型治理主体与潜在型治理主体。

4.2.1 划分思路

学术界对利益相关者的研究已具有较多的沉淀与积累，其中，具有代表性的观点和结论如表4-1所示。

表 4-1 以往学术界关于利益相关者分类的总结研究

提出者	划分标准	利益相关者分类
Freeman	影响力	广义的利益相关者是指能够影响组织目标实现，或者组织目标的实现所影响到的群体 狭义的利益相关者是指组织在实现其目标过程中必不可少的群体
Charkham	合同性质	契约型利益相关者是指如企业的股东、债权人等 公众型利益相关者是指政府部门、社会公众、公共媒体等
Clarkson	承担的风险种类	自愿利益相关者是指与企业之间存在债权关系而主动承担企业经营活动带来的各种风险 非自愿利益相关者是指由于企业经营活动而被动承担各种风险的个人或组织
Clarkson	紧密程度	主要利益相关者是指企业存续期间不可或缺的个人或组织，包括投资者、消费者等 次要利益相关者是指不直接参与企业的直接生产经营活动，但会对其造成影响的个人或组织，如政府部门、公共媒体等
Mitchell	身份特征（合法性、权力性与紧迫性）	确定型利益相关者是指对企业生存至关重要的个人或组织，包括股东、企业员工、消费者等，而这些个人或组织同时具备合法性、权力性与紧迫性三个特征 预期型利益相关者是指拥有合法性、权力性与紧迫性这三个特征中的任意两个 潜在型利益相关者是指只拥有合法性、权力性与紧迫性这三个特征中的一个
Wheeler	社会性维度	首要社会型利益相关者是指与人有关系，并对企业有直接影响的个人或组织 次要社会型利益相关者是指与人有关系，并对企业有间接影响的个人或组织 主要非社会型利益相关者是指与人没有关系，对企业有直接影响 次要非社会型利益相关者是指与人没有关系，对企业有间接影响

资料来源：根据相关文献整理。

其中，由美国学者 Mitchell 提出的关于利益相关者的划分具有操作简单，划分结果清晰的优势。Mitchell 模型的整体思路在于，通过既定的特征对利益相关者进行打分，借此作为划分不同利益相关者的凭证。Mitchell 认为，利益相关者具有合法性（Legitimacy）、权力性（Power）以及紧迫性（Urgency）三个属性。其中，合法性是指个人或组织在法律、道义或者其他特殊情况下拥有对企业的索取权；权力性是指个人或组织拥有能够影响企业决策的能力、方式与资源；而紧迫性是指个人或组织拥有能够立即引起管理层重视的能力与权力。基于以上划分，Mitchell 将利益相关者划分为确定型利益相关者、预期型利益相关者以及潜在型利益相关者，划分结果如表 4-2 所示。

表 4-2 Mitchell 模型对利益相关者的划分

属性组合	组合名称	组合特点
确定型利益相关者 (Definitive Stakeholders) ※合法性 (Legitimacy) ○权力性 (Power) □紧急性 (Urgency)	同时拥有合法性、权力性以及紧急性	对于企业发展而言属于最具影响力的一部分个人或组织，如股东、员工、消费者等
预期型利益相关者 (Expectant Stakeholders) ※合法性 (Legitimacy) ○权力性 (Power)	拥有合法性与权力性	对于企业具有索取权力，并能够影响企业的经营决策，如投资者等
※合法性 (Legitimacy) □紧急性 (Urgency)	拥有合法性与紧急性	对于企业具有索取权力，并且能够得到企业管理层的关注，但其对于企业的经营决策影响较小
○权力性 (Power) □紧急性 (Urgency)	拥有权力性与紧急性	对于企业没有合法索取的权力，但是却拥有对其经营决策影响，也能引起管理层的足够重视，如企业员工自发组织的游行、示威、罢工等
潜在型利益相关者 (Latent Stakeholders) ※合法性 (Legitimacy)	只拥有合法性	该群体处于蛰伏状态 (Dormant Status)，具有对企业的合法索取权力
○权力性 (Power)	只拥有权力性	同样处于蛰伏状态 (Dormant Status)，具有能够影响企业经营决策的权力，但却缺乏合法的索取权力
□紧急性 (Urgency)	只拥有紧急性	有别于以上的蛰伏状态，该个人或群体会经常引发管理层的重视，但却缺乏相应的权力

借鉴 Mitchell 模型对于利益相关者的划分，我国网络金融犯罪综合治理主体层级划分思路，如图 4-1 所示。

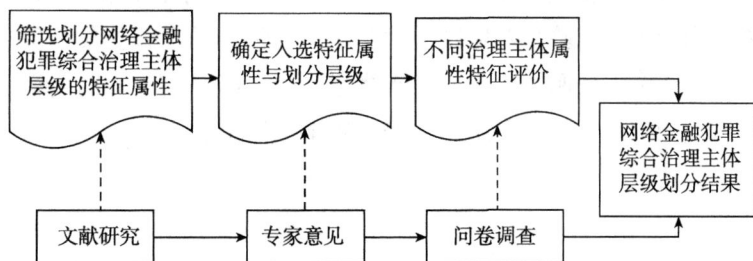

图 4-1 网络金融犯罪综合治理主体层级划分思路

根据图 4-1，网络金融犯罪综合治理主体层级划分主要分为三个部分：首先，查阅、总结已有研究在利益相关者领域的研究结果，筛选用于划分我国网络金融犯罪综合治理主体的特征属性。其次，根据相关领域专家打分的形式，确定用于划分我国网络金融犯罪综合治理主体层级的特征属性，确定划分的不同层级。最后，针对前一章识别出的我国网络金融犯罪综合治理主体采取专家打分的形式，根据不同治理主体特征属性的不同得分，最终确定我国网络金融犯罪综合治理主体的层级划分结果。

4.2.2 特征属性与层级类型确定

在 Mitchell 模型中，利益相关者应当具备合法性、权力性以及紧急性这三个具体的特征属性。同理，在划分不同层级网络金融犯罪综合治理主体时，也同样必须明确不同层级治理主体具备的特征属性。参照学术界已有的研究结果，对识别我国网络金融犯罪综合治理不同层级治理主体的特征属性进行了整理，共得到包含 8 个用于区分不同层级治理主体的特征属性，具体如表 4-3 所示。

表 4-3 学术界关于特征属性分类的总结研究

属性名称	相关描述
合法性	该利益相关者是否有权力和可能性参与综合治理
紧急性	该利益相关者参与综合治理的紧急性与迫切性程度
主动性	该利益相关者参与综合治理的主动性程度和积极性
重要性	该利益相关者在综合治理中具备的重要程度
风险性	该利益相关者在综合治理中所承担的风险
收益性	该利益相关者在综合治理中所获得的收益程度
紧密型	该利益相关者在综合治理中与其他治理主体关联的紧密程度

资料来源：根据相关文献整理。

对于初步筛选的网络金融犯罪综合治理不同层级治理主体的特征属性，采取专家意见法，通过对 20 名网络金融犯罪综合治理相关领域的专家进行访谈。各位专家根据自身领域内的工作经验与对网络金融犯罪综合治理的理解，最终从 8 个入选的特征属性筛选出 3 个特征属性作为我国网络金融犯罪综合治理不同层级治理主体的特征属性。相关专家的筛选情况统计数据如表 4-4 所示。

表 4-4 专家评选结果

属性名称	入选个数	入选比例
合法性	19	95%
重要性	16	80%
主动性	13	65%
紧密性	8	40%
收益性	6	30%
风险性	5	25%
紧急性	2	10%

通过与相关领域专家访谈与问卷调查，最终选择了合法性、重要性与主动性 3 个特征作为划分我国网络金融犯罪综合治理不同层级治理主体的特征属性。其中，合法性是指有权力和可能性参与我国网络金融犯罪综合治理，在其中投入各种资源以保障我国网络金融犯罪综合治理的效果；重要性是指对我国网络金融犯罪综合治理的决策、实施具备影响力；主动性是指对我国网络金融犯罪综合治理的效果积极施加影响，而不是被动地承担相应的工作。因此，根据上述我国网络金融犯罪综合治理不同层级治理主体的特征属性判断，可以明确相关治理主体在我国网络金融犯罪综合治理中的层级。

根据 Mitchell 构建的模型，我国网络金融犯罪综合治理主体依照持有不同特征属性的个数被划分为不同的层级，如图 4-2 所示。

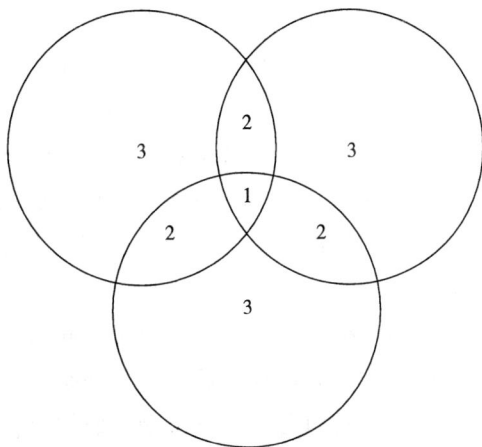

图 4-2 治理主体层级划分

由图 4-2 可以看出，网络金融犯罪综合治理主体层级被划分为 3 个类型，每个数字代表不同类型的综合治理主体。

（1）区域1：确定型治理主体（图4-2中数字1所属区域）

该层治理主体具备合法性、重要性以及主动性三种特征属性。该层治理主体是直接参与网络金融犯罪综合治理的个体或群体，它们的决策与活动完全影响网络金融犯罪综合治理的目标实现程度，对网络金融犯罪综合治理的效果产生重大影响。没有该层治理主体的参与，网络金融犯罪综合治理将无法开展，它们既负责网络金融犯罪综合治理的整体决策，又关心网络金融犯罪综合治理的实施过程与最终网络金融犯罪综合治理的效果，并且与其他参与网络金融犯罪综合治理的主体具备紧密的关联。如我国中央政府与地方政府，作为我国网络金融犯罪综合治理的实际决策方与管理方，分别负责全国与特定地区网络金融犯罪综合治理的全面统筹与协调责任。它们既对全国与特定地区网络金融犯罪综合治理施加绝对性的积极影响，又关注网络金融犯罪综合治理的效果。

（2）区域2：预期型治理主体（图4-2中数字2所属区域）

该层治理主体只具备合法性、重要性以及主动性这三种特征属性的两种。该层治理主体与网络金融犯罪综合治理具有较为密切的关联，对网络金融犯罪综合治理的效果具有一定的重要性，能够较为积极地参与网络金融犯罪综合治理，对网络金融犯罪综合治理的效果施加部分影响力。但是，该层治理主体在参与网络金融犯罪综合治理的参与程度、重要程度与影响力不如确定型治理主体，只能部分参与网络金融犯罪综合治理的某些阶段。而且它们的主动性受到自身利益诉求满足程度的影响，无法做到如确定型治理主体一般积极施加影响力，具备一定程度上的被动性，与参与网络金融犯罪综合治理的其他治理主体关联性也较弱。如互联网企业与金融机构，在我国网络金融犯罪综合治理的实践中一般作为综合治理的支持方，为司法机关，尤其是公安机关在侦破网络金融犯罪案件提供技术支持与数据服务，无法做到对网络金融犯罪综合治理关键决策施加影响。

（3）区域3：潜在型治理主体（图4-2中数字3所属区域）

该层治理主体只具备合法性、重要性与主动性三种特征属性的一种。该层治理主体参与网络金融犯罪综合治理的权力较弱，或者没有权力参与网络金融犯罪综合治理的整体阶段，或者只能部分参与网络金融犯罪综合治理的特定阶段。其自身具备的重要程度也较弱，对网络金融犯罪综合治理效果影响甚微，只是被动接受而不会主动施加积极影响。该层治理主体自身利益的满足完全建立在网络金融犯罪综合治理效果取得的基础上，并且与其他参与网络金融犯罪综合治理的主体关联性表现微弱。

4.2.3 划分步骤

针对划分我国网络金融犯罪综合治理主体层级，充分借鉴已有研究成果，采取对 20 位网络金融犯罪综合治理领域内的专家进行问卷调查的形式，对初步筛选的网络金融犯罪综合治理主体按照合法性、重要性与主动性分别进行打分，打分以李克特五量级作为衡量标准。根据各治理主体在上述特征属性的得分结果，按照一定的划分标准，将其划分为确定型、预期型与潜在型网络金融犯罪综合治理主体，具体步骤如图 4-3 所示。

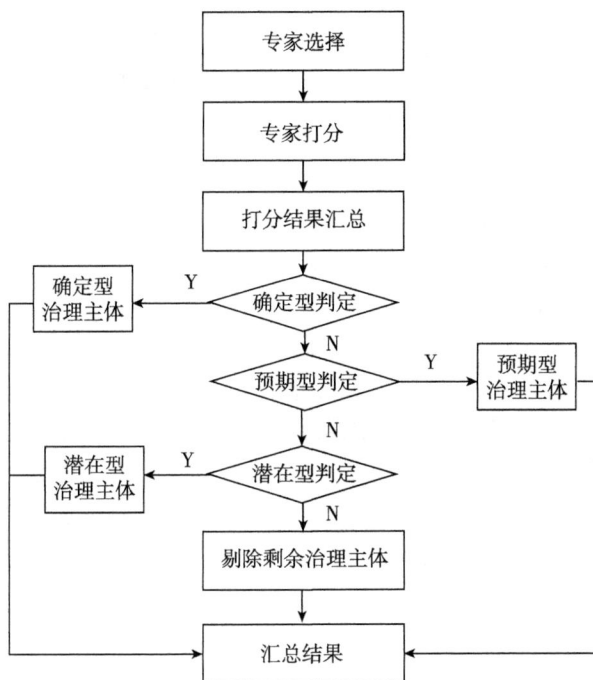

图 4-3　划分步骤

4.2.4　划分结果

前述章节已经识别出我国网络金融犯罪综合治理主体包括立法机关、行政机关、司法机关、市场参与方与社会参与方。其中，立法机关包括国家立法机关与地方立法机关；行政机关包括中央政府、地方政府、各级司法行政部门、各级金融监管部门与各级市场监督管理部门；司法机关包括各级公安机关、各级人民检察院与各级人民法院；市场参与方包括互联网企业、金融机构与行业协会；社会参与方包括社会组织、公共媒体与社会公众。

依照上述综合治理主体识别的结果，对所选 20 名网络金融犯罪综合治理领域内专家进行问卷调查，使用 SPSS 对所得的结果进行相关统计与分析，从而将网络金融犯罪综合治理各治理主体划分为确定型、预期型与潜在型治理主体。在相关领域专家对各综合治理主体特征属性进行打分时，打分标准采取李克特五量级标准，所有专家最高打分 5 分，最低打分 1 分。设计的我国网络金融犯罪综合治理主体合法性测量量表如表 4-5 所示。因篇幅所限，重要性与主动性测量量表见附录 A。

表 4-5　治理主体合法性打分表

测量题项	合法性				
	1	2	3	4	5
	完全不同意	基本不同意	态度中立	基本同意	完全同意
国家立法机关					
中央政府					
地方立法机关					
地方政府					
各级公安机关					
各级人民检察院					
各级人民法院					
各级司法行政部门					
各级金融监管部门					
各级市场监督管理部门					
社会组织					
互联网企业					
金融机构					
行业协会					
公共媒体					
社会公众					

（1）合法性评分统计结果

合法性属性是指治理主体参与网络金融犯罪综合治理的权力与可能性，参与行为的发生概率，以及对网络金融犯罪综合治理整体制度层面设计完整性的影响程度。通过对相关专家的问卷调查以及数据回收、分析，获得各治理主体的合法性属性得分情况，利用统计软件进行分析，结果如表 4-6 所示。

表 4-6　治理主体合法性评分统计表

利益相关者	N	最小	最大	均值	标准差
国家立法机关	20	1	5	4.60	0.50
中央政府	20	1	5	4.50	0.51
地方立法机关	20	1	5	4.15	0.74

利益相关者	N	最小	最大	均值	标准差
地方政府	20	1	5	4.10	0.55
各级公安机关	20	1	5	4.50	0.76
各级人民检察院	20	1	5	4.45	0.68
各级人民法院	20	1	5	4.15	0.81
各级司法行政部门	20	1	5	2.80	0.52
各级金融监管部门	20	1	5	2.45	0.60
各级市场监督管理部门	20	1	5	3.05	0.60
社会组织	20	1	5	1.30	0.47
互联网企业	20	1	5	1.80	0.70
金融机构	20	1	5	1.70	0.73
行业协会	20	1	5	1.70	0.47
公共媒体	20	1	5	1.50	0.51
社会公众	20	1	5	1.75	0.55

（2）重要性评分统计结果

重要性属性是指治理主体参与网络金融犯罪综合治理的重要程度、参与网络金融犯罪综合治理的价值性以及对网络金融犯罪综合治理最终效果形成具备的影响程度。通过对相关专家的问卷调查以及数据回收、分析，获得各治理主体的重要性属性得分情况，利用统计软件进行分析，结果如表4-7所示。

表4-7 治理主体重要性评分统计表

利益相关者	N	最小	最大	均值	标准差
国家立法机关	20	1	5	4.45	0.60
中央政府	20	1	5	4.65	0.49
地方立法机关	20	1	5	4.35	0.67
地方政府	20	1	5	4.35	0.49
各级公安机关	20	1	5	4.25	0.55
各级人民检察院	20	1	5	4.50	0.61
各级人民法院	20	1	5	4.55	0.51
各级司法行政部门	20	1	5	2.80	0.70
各级金融监管部门	20	1	5	3.50	0.61
各级市场监督管理部门	20	1	5	3.30	0.66
社会组织	20	1	5	1.80	0.83
互联网企业	20	1	5	2.70	0.57

续表

利益相关者	N	最小	最大	均值	标准差
金融机构	20	1	5	3.00	0.46
行业协会	20	1	5	3.05	0.51
公共媒体	20	1	5	1.70	0.73
社会公众	20	1	5	1.55	0.51

（3）主动性评分统计结果

主动性属性是指综合治理主体参与网络金融犯罪综合治理的积极性与主动施加影响力的程度。通过对相关专家的问卷调查以及数据回收、分析，获得各治理主体的主动性属性得分情况，利用统计软件进行分析，结果如表4-8所示。

表4-8　治理主体主动性评分统计表

利益相关者	N	最小	最大	均值	标准差
国家立法机关	20	1	5	4.65	0.59
中央政府	20	1	5	4.55	0.51
地方立法机关	20	1	5	4.30	0.57
地方政府	20	1	5	4.55	0.51
各级公安机关	20	1	5	4.40	0.50
各级人民检察院	20	1	5	4.30	0.47
各级人民法院	20	1	5	4.45	0.51
各级司法行政部门	20	1	5	1.60	0.50
各级金融监管部门	20	1	5	1.85	0.37
各级市场监督管理部门	20	1	5	1.80	0.52
社会组织	20	1	5	2.00	0.72
互联网企业	20	1	5	3.15	0.49
金融机构	20	1	5	3.20	0.52
行业协会	20	1	5	3.05	0.51
公共媒体	20	1	5	1.85	0.67
社会公众	20	1	5	1.90	0.79

在对所有治理主体进行特征属性评分后，对取得的数据进行整理，最终得到所有治理主体的合法性、重要性与主动性得分情况，如表4-9所示。

表 4-9　治理主体各属性得分统计表

	[4, 5]	[2, 4]	[1, 2]
合法性	国家立法机关、中央政府、地方立法机关、地方政府、各级公安机关、各级人民检察院、各级人民法院	各级司法行政部门、各级金融监管部门、各级市场监督管理部门	金融机构、互联网企业、行业协会、公共媒体、社会组织、社会公众
重要性	国家立法机关、中央政府、地方立法机关、地方政府、各级公安机关、各级人民检察院、各级人民法院	各级司法行政部门、各级金融监管部门、各级市场监督管理部门、互联网企业、金融机构、行业协会	社会组织、公共媒体、社会公众
主动性	国家立法机关、中央政府、地方立法机关、地方政府、各级公安机关、各级人民检察院、各级人民法院	互联网企业、金融机构、行业协会	各级司法行政部门、各级金融监管部门、各级市场监督管理部门、社会公众、社会组织、公共媒体

根据得分结果，将我国网络金融犯罪综合治理各治理主体依照特征属性得分情况，将其最终划分为确定型、预期型与潜在型治理主体。其中，确定型治理主体需满足所有属性得分值均在 [4, 5] 之间；预期型治理主体满足至少两个属性得分值位于 [2, 4] 之间；剩余的治理主体自动划分为潜在型治理主体。网络金融犯罪综合治理主体层级划分如表 4-10 所示。

表 4-10　网络金融犯罪综合治理主体层级划分归类表

治理主体层级	治理主体构成
确定型治理主体	国家立法机关、中央政府、地方立法机关、地方政府、各级公安机关、各级人民检察院、各级人民法院
预期型治理主体	各级司法行政部门、各级金融监管部门、各级市场监督管理部门、互联网企业、金融机构、行业协会
潜在型治理主体	社会公众、公共媒体、社会组织

4.3　不同层级治理主体影响网络金融犯罪综合治理效果的机理分析

从已有文献可以看出，目前尚无学者在网络金融犯罪综合治理主体影响网络金融犯罪综合治理效果方面的研究。本书基于多中心治理理论，将网络金融犯罪综合治理主体划分为立法机关、行政机关、司法机关、市场参与方与社会参与方共五类。随后，利用利益相关者理论将上述四个群体的网络金融犯罪综合治理主体继续划分为确定型、预期型与潜在型治理主体。本节依据利益相关者理论，将网络金融犯罪综合治理作为一个整体进行考察，分析不同层级治理主体对网络金融犯罪综合治理效果的影响机理。

4.3.1 确定型治理主体影响网络金融犯罪综合治理效果机理分析

依据前述章节的划分结果，确定型治理主体包括国家立法机关、中央政府、地方立法机关、地方政府、各级公安机关、各级人民检察院以及各级人民法院。其中，国家立法机关与地方立法机关属于立法机关，它们通过法律法规影响网络金融犯罪综合治理效果。中央政府与地方政府属于行政机关，它们通过法律法规影响网络金融犯罪综合治理效果。各级公安机关、各级人民检察院和各级人民法院属于司法机关，它们通过犯罪惩罚概率、犯罪惩罚力度与犯罪惩罚及时性影响网络金融犯罪综合治理效果。

（1）法律法规

网络金融犯罪本质是一种犯罪行为。威慑理论认为，犯罪预防包括刑罚预防与威慑预防两种类型。刑罚预防通过对犯罪人采取刑罚处罚方式使其内心产生恐惧的心理感受，从而对人的犯罪动机产生遏制作用，从而达到预防犯罪的发生。刑罚预防这一种模式自古以来便是预防犯罪行为产生的范式，这种通过对犯罪人心理产生恐惧感受的方式最开始是通过公开处刑的方式，以恐惧人们心理达到预防犯罪的目的。除此之外，刑罚工具的残酷化、行刑方式的恐怖化更是增强恐惧感受的有力途径。这些行为都是借助刑罚的威慑性达到预防犯罪行为产生的目的。随后，经过费尔巴哈的心理强制理论，刑罚预防的威慑不仅仅依靠行刑这一环节，而是扩展到立法层面。因此，刑罚预防模式包括立法层面的预防模式与司法层面的预防模式两种。立法层面的犯罪预防包括在立法层面的扩大犯罪圈与增加刑罚量两种。其中，扩大犯罪圈包括增加刑法罪名数量；修改犯罪构成、降低入罪门槛；危险犯、行为犯的增加以及犯罪主体的扩大。而在增加刑罚量这一因素上，从法定量刑情节，包括总则常见的法定量刑情节与分则常见的法定量刑情节，酌定情节与量刑情节的种类等进行进一步的细化。立法层面出台网络金融相关法律不仅能够有效预防网络金融犯罪的产生，也为现阶段司法机关打击网络金融犯罪提供了有效的法律工具。

在网络金融犯罪综合治理中，由全国人民代表大会及其常务委员会肩负网络金融犯罪的立法保障，除此之外，国务院及相关部委出台的行政法规以及由各省（自治区、直辖市）的人民代表大会及常务委员会制定的地方性法规作为辅助网络金融法律实施的保障，确保网络金融犯罪综合治理的有效实施与开展。

（2）犯罪惩罚概率

传统犯罪经济学建立在对威慑理论的认知之上，有别于犯罪社会学理论视域下社会环境变动对个体行为的影响，犯罪经济学从理性选择视角解读个体行为的选择与形成。由 Becker（1968）创立的犯罪经济学的思想可以追溯到 Beccaria（1764）和 Bentham（1789）对于犯罪威慑的研究，他们研究的不同之处在于，Becker 建立的犯罪决策模型从另一个角度阐述了犯罪行为的产生逻辑，他假定犯罪分子如同正常"理性人"一般，对犯罪成本收益进行计算并选择最大化其效用的行为模式。以犯罪分子的决策为例，Becker 建立了（4-1）的模型。

$$EU = (1 - p)U(Y) + PU(Y - F) \tag{4-1}$$

式（4-1）中，Y 是犯罪分子实施犯罪行为所取得的收益，P 为犯罪分子被惩罚的概率，F 为犯罪分子被惩罚的力度。U 是犯罪分子的效用函数，EU 是其期望效用。Becker 的理论模型针对犯罪行为的产生，提出无论是犯罪惩罚概率 P 的提升，或是惩罚力度 F 的增加，都将会对犯罪分子的预期效用产生影响，进而影响其行为选择，从供给角度减少犯罪行为。除此之外，无论是惩罚概率 P 还是惩罚力度 F，都具有"不确定性"的特点，因此会形成针对不同犯罪分子的"价格的差别待遇"，而这种差别化的待遇会激励风险偏好型犯罪分子的冒险行为。因此，减少犯罪供给还需要提高惩罚概率与惩罚力度的确定型，即惩罚的及时性。

惩罚概率是指对犯罪行为惩罚的可能性，即只要犯罪分子实施犯罪行为，则必然会受到刑罚处罚的概率。惩罚概率有益于促使行为人免予产生一种"犯罪实施—行为得逞—免予处罚"的认知模式，而是强化一种"犯罪实施—接受处罚"的认知模式，避免犯罪分子因具有侥幸心理而进行冒险行为，虽然犯罪分子都是心怀侥幸的。因此，行为主义理论的拥护者认为，基于对犯罪分子威慑的角度出发，惩罚的最佳效果需要出现在每次犯罪行为产生的时间节点，此时表示惩罚概率为百分之百。当惩罚的概率越大，才会形成刑与罪之间的强化关联，遏制犯罪行为的产生。目前，测量惩罚概率的指标包括犯罪案件的破案率、逮捕率、起诉率、定罪率及监禁率等相关指标。选择何种指标，来源于对刑罚处罚概率的认识，即对刑事司法程序的理解。虽然逮捕率、起诉率、定罪率与监禁率等测量指标测量的犯罪程度较为狭窄，而以破案率作为测量犯罪惩罚概率更能勾勒出犯罪的轮廓。除此之外，多项相关研究指出，当犯罪案件破案率达到 50% 时，犯罪分子便会处于观望；当破案率达到 50% 以上时，犯罪分子便会放弃犯罪行为；当破案率达到 80% 以上时，犯罪分子会自首投案或远走他乡。但是，目前公安机关内部考核中已经明确废除破案率的考核标准，因此，此处选择以案件依法判决等相关指标替代破案率作为犯罪惩罚概率的衡量指标。

（3）犯罪惩罚力度

犯罪预防模式不仅从立法层面建立了对犯罪行为的威慑效力，也从司法层面对犯罪行为威慑进行了研究。犯罪惩罚力度是指当犯罪分子实施犯罪行为时所受到的惩罚强度。一般而言，惩罚力度越大，针对犯罪分子的威慑越强。在现实司法实践中，主要刑事惩罚形式以监禁刑为主，罚金刑与生命刑等为辅。因为生命刑等数据的获取难度较大，一般采取监禁刑等数据作为刻画犯罪惩罚力度的主要指标。其中，重刑率是较为常用的指标，一般将判处 5 年以上有期徒刑、无期徒刑和死刑的罪犯比例作为重刑率的内容。

（4）犯罪惩罚及时性

犯罪惩罚及时性是指犯罪分子在实施犯罪行为后，在一定时间内接受司法机关的依法惩罚，即衡量的是"犯罪实施—接受惩罚"之间的时间长度。心理学上的阳性强化理论（Positive Reinforcement）认为，针对行为产生后的"正"刺激会增强行为产生的概率。现实中，犯罪分子在实施犯罪行为后没有被及时处罚，会使其产生侥幸心理，形成"正"刺激，诱发下一次犯罪行为的产生。如果犯罪分子在实施犯罪行为后被司法机关及时惩罚，便对犯罪分子产生"负"刺激，抑制其未来犯罪行为发生。站在社会公众的角度，会发现犯罪分子实施犯罪行为与接受刑罚惩罚的时间过长会导致公众感受到罪与刑之间关联度的降低，造成刑罚威慑效力减弱的结果，不利于预防犯罪的目标达成。以网络金融犯罪为例，犯罪分子在实施犯罪行为被及时惩罚，主要依靠公安机关对网络金融犯罪警情的反应速度与针对网络金融犯罪设立的相关预警系统等。

综上所述，确定型治理主体影响网络金融犯罪综合治理效果机理如图 4-4 所示。

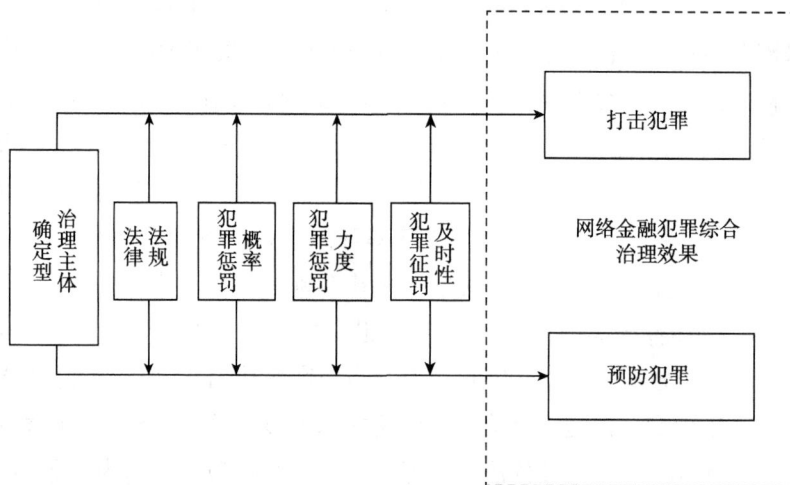

图 4-4　确定型治理主体影响网络金融犯罪综合治理效果机理分析

4.3.2 预期型治理主体影响网络金融犯罪综合治理效果机理分析

如前文所述，预期型治理主体包括各级司法行政部门、各级金融监管部门、各级市场监督管理部门、互联网企业、金融机构与行业协会。其中，各级司法行政部门、各级金融监管部门以及各级市场监督管理部门属于行政机关，它们通过预防犯罪法律宣传与网络金融监管影响网络金融犯罪综合治理效果。互联网企业、金融机构和行业协会属于市场参与方，它们通过网络金融机构及其业务规范性影响网络金融犯罪综合治理效果。

（1）预防犯罪法律宣传

法律的制定为打击犯罪提供了依据，尤其是我国家立法机关以法律形式将罪刑关系予以确定，通过刑法方式规定犯罪人由于确定的行为而受到的相应刑罚处罚，为社会提供了一份网络金融犯罪的罪刑价目表。但是，仅通过网络金融犯罪立法层面的相关立法还不足以实现对犯罪行为的威慑。无论是立法层面的扩大犯罪圈，降低犯罪门槛，还是司法层面的对网络金融犯罪的严厉打击与处罚，均是通过形成个体心理的痛苦感受，使其因为恐惧自身相应权益的损失而不敢实施犯罪行为。一份针对天津市犯罪人的调查研究指出，导致犯罪人在实施犯罪行为时的主要原因包括对自身犯罪行为定性与行为受到处罚了解不清、获取相关法律信息渠道不畅与获取成本较高以及不主动关注相关法律信息等。因此，法律宣传历来是控制犯罪，预防犯罪的有力手段，通过对全社会的法律宣传，包含了对潜在犯罪人的法律宣传、潜在被害人的法律宣传以及针对特殊人群的法律宣传。除此之外，法律宣传的有效性除了宣传的普及广度，更依靠宣传的深度，具体表现为法律信息的宣传应当借由"普法"向"学法"转变，公众不仅需要知道"罪"，更需要知道与"罪"相适应的"刑"。在具体的法律宣传中，应同时采取"正面的普法教育"与充分发挥司法实践中的庭审教育与个案警示等反面教育作用。

根据全国普法办公室《2019年全国普法依法治理工作要点》中指出"着力落实'谁执法谁普法'的普法责任制，着力开展基层依法治理……"。全国普法办公室于2018年推出首批中央国家机关普法责任清单，其中将"最高人民法院、最高人民检察院、公安部、司法部、财政部、人力资源和社会保障部、交通运输部、中国人民银行、海关总署、国家税务总局10个部门"列入首批普法责任清单，明确了各部门负有普及与本部门业务密切相关的重点法律法规与规章的职责[①]。因此，网络金融犯罪综合治理的法律宣传涉及了各地的司法行政部门、金融监管部门、市场监督

---

① 国务院办公厅关于印发2019年政务公开工作要点的通知，国办发〔2019〕14号。

管理部门与相关司法机关。

（2）网络金融监管

网络金融虽然是借助信息技术实现资金融通、支付、投资与信息中介多种功能的新型模式，但究其本源还是属于金融服务模式。网络金融业态繁多，以 P2P 网络借贷、众筹融资、互联网消费金融等为代表的新型金融业态在迅猛的发展过程中，形成了众多的风险事件，更有甚者触碰了法律的界限，产生了违法犯罪行为。针对这些崭新的金融业态，自产生伊始便引来社会各界对其进行监管的呼吁。早在 2015 年，由中国人民银行等十部委联合发布了《关于促进互联网金融健康发展的指导意见》，其中该意见积极肯定了网络金融的正面作用，但同时该意见也为网络金融的监管提出"鼓励创新、防范风险、趋利避害、健康发展"的总领性要求。

网络金融天生在资金融通、信息收集等方面具有比较优势，但也会因此带来金融错配风险。针对网络金融的风险，目前我国的监管模式为政府监管、行业协会辅助监管及网络金融平台自律的"三位一体"模式。但是，目前网络金融监管无法应对网络金融犯罪行为的产生，学术界与实践界提出如重构监管主体，在现有的监管框架下重新成立专门的网络金融监管部门，或者直接引入协同监管理论，在现有监管体系下引入社会监管资源等监管理念。除此之外，网络金融的监管，在保障防范行业风险与维护行业公平竞争的首要权责之外，还应当充分融入互联网关于"自律、包容与创新的理念"，以消费者保护为基准。无论如何，引入并强化网络金融监管无论是预防网络金融犯罪，还是保护投资人与促进网络金融的健康发展都是大有裨益的举措。

在网络金融综合治理中，网络金融监管部门主要涉及了以中国人民银行、中国银行保险监督管理委员会、中国证券监督管理委员会、国家市场监督管理总局等在内的中央政府部门与各地的金融监督管理部门和市场监督管理部门。

（3）网络金融机构及其业务规范性

网络金融机构是开展网络金融相关业务的主力军，也是参与网络金融犯罪综合治理的有益力量。网络金融机构在开展相关业务时，不仅要在现有的监管框架下积极履行相应的职责，规避可能遇到的各类风险，也应担负起保障投资者财产安全的相应义务。网络金融机构不仅要在其内部建立良好的内控机制，积极应对开展网络金融业务可能涉及的各类风险，建立起有效的适应本领域的业务办理流程，也需要建立针对本机构的内部管理制度与办法。网络金融机构的内部管理制度不仅需要体现相关法律法规的要求，更应在实际操作中严格遵守相关规范，充分反映网络金融机构对网络金融犯罪综合治理的全面认识与严格的执行标准。网络金融机构建立的相关网络金融平台作为其展业的中坚与枢纽，既汇聚了海量的金融服务与消费者信息,又促进了网络金融的发展,因此,提高网络金融平台的规范管理能力,可以有效减少金融消费者信息的泄露与违法犯罪信息的泛滥,有效降低网络金融平台上不法行为的频发。除此之外,网络金融机构也应当发挥自身的优势,担负起针对金融投资者的安全教育,行使对投资者的保护,如倡导理性投资观念,普及相关法律法规,宣传投资者的权利与保护途径等。这些举措都能显著预防网络金融犯罪行为的发生。

综上所述,预期型治理主体影响网络金融犯罪综合治理效果机理如图 4-5 所示。

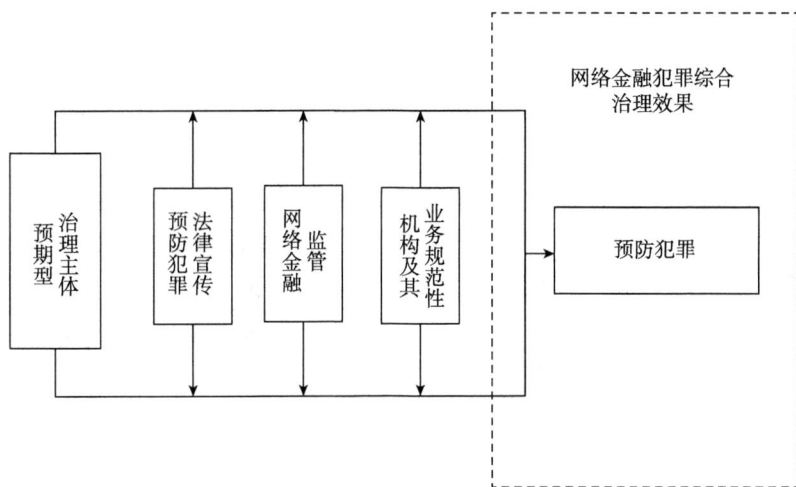

图 4-5 预期型治理主体影响网络金融犯罪综合治理效果机理分析

4.3.3 潜在型治理主体影响网络金融犯罪综合治理效果机理分析

依据前述章节,潜在型治理主体包括社会组织、公共媒体以及社会公众,它们都属于社会参与方,通过社会监督影响网络金融犯罪综合治理效果。

社会监督是除政府监管、行业自律之外的第三股网络金融监督与管理的重要力量。现有的国家治理与社会治理需要立足网格化的管理基础,充分调动国家与社会的互动,建立基于网络化治理特点的社会监督模式是现代社会治理的必然选择。从网络金融已有的监督主体结构观察,作为权力中心边缘的社会参与方,理应在网络金融监督与管理体系中占据相应的地位。目前,我国网络金融监督与管理的核心机构依然是政府的金融监管部门,而行业自律作为政府监管之外的一种弹性补充,近年来逐渐开始发展壮大。无论是国家治理还是社会治理,都更为强调法律、制度等多元行动的价值与社会意义,因此,在网络金融监督与管理体系中引入社会监督力量,可以很好地改善政府监督强势、市场监督弱势、社会监督缺失的现有局面,充分调动社会有效力量，建立更为平衡与全面的网络金融监督与管理体系。除此之外，社会公众作为网络金融犯罪案件的目标与受害群体，其知晓网络金融相关法律法规的法律素养与鉴别网络金融犯罪的防范能力是直接能够反映我国网络金融犯罪综合治理效果的客观表现。当社会公众等社会参与方，一方面通过提高自身法律素养与防范能力使犯罪分子无从下手，失去犯罪目标，另一方面积极参与网络金融犯罪综合治理，行使社会监督职能，积极监督与举报网络金融犯罪案件，使犯罪分子无所遁形，双管齐下才能最终巩固取得网络金融犯罪综合治理效果。

综上所述，潜在型治理主体影响网络金融犯罪综合治理效果机理如图 4-6 所示。

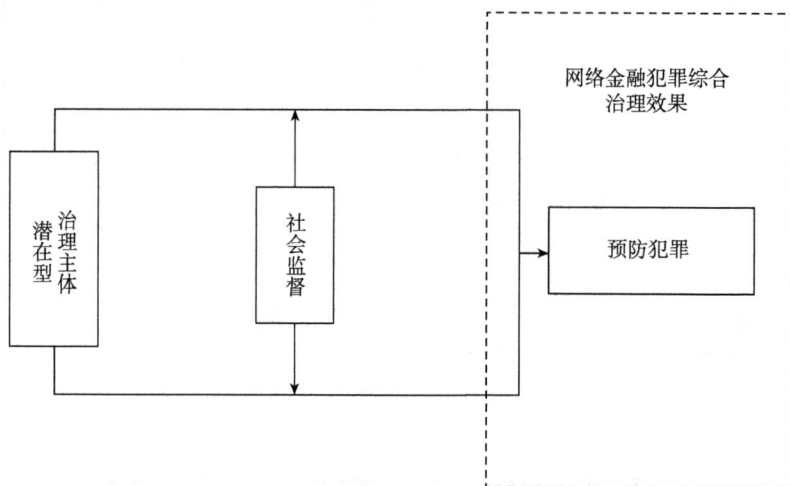

图4-6 潜在型治理主体影响网络金融犯罪综合治理效果机理分析

4.4 网络金融犯罪综合治理效果研究假设

（1）法律法规与其他影响因素及网络金融犯罪综合治理效果关系的研究假设

由前述关于威慑理论的分析可知，犯罪预防通过刑罚预防达到。目前，刑罚预防不仅包括立法层面的预防模式，也包括司法层面的预防模式。在立法层面的犯罪预防包括扩大犯罪圈与增加刑罚量两种。这些都是能够直接影响网络金融犯罪综合治理的预防犯罪目标，直接影响网络金融犯罪综合治理效果的因素。同时，这些法律的出台也为司法机关依法办理网络金融犯罪案件提供了法律保障。

除此之外，在完善网络金融刑事立法之前，应当首先完善相关基础性金融行政法律。这些基础性金融行政法律包括网络金融行业准入门槛、相关交易主体的权利与义务规定以及目前对网络金融市场新型违法行为的法律界定。这些基础性法律的出台，可以为我国网络金融监督与管理部门在及时处置违法案件时提供法律依据，避免这些违法案件最终发展成网络金融犯罪案件。

因此，提出如下假设：

H1 网络金融法律法规对网络金融犯罪综合治理效果有正影响。

H2 网络金融法律法规对网络金融监管有正影响。

H3 网络金融法律法规对网络金融犯罪惩罚力度有正影响。

（2）犯罪惩罚及时性与其他影响因素及网络金融犯罪综合治理效果的研究假设

犯罪分子在实施犯罪行为后，越早被公安机关立案调查并进入刑事司法程序，则犯罪惩罚越及时，犯罪造成的损失越小，越能达到网络金融犯罪综合治理的打击犯罪目标，网络金融犯罪综合治理效果越好。同时，公安机关越早介入网络金融犯罪案件越能及时取得犯罪证据，避免犯罪分子将违法犯罪所得进行转移，避免因犯罪事实认定不清、关键证据不明使犯罪分子减轻，乃至逃脱法律的惩罚。

因此，提出如下假设：

H4 网络金融犯罪惩罚及时性对网络金融犯罪综合治理效果有正影响。

H5 网络金融犯罪惩罚及时性对网络金融犯罪惩罚概率有正影响。

（3）犯罪惩罚概率与其他影响因素及网络金融犯罪综合治理效果的研究假设

已有司法实践显示，部分网络金融犯罪案件中犯罪分子利用境外第三方平台转移违法所得，造成公安机关在办理此类案件时难以认定犯罪数额，影响了后续检察机关与审判机关对犯罪事实的认定与依法判决。提高犯罪惩罚概率可以强化犯罪分子形成"犯罪实施—接受处罚"的认知模式，使犯罪分子得到应有的惩罚，减少其他潜在犯罪分子的效仿行为与冒险行为。因此，提高犯罪惩罚概率可以影响犯罪的惩罚力度，进而直接影响网络金融犯罪综合治理的打击犯罪目标，影响网络金融犯罪综合治理效果。

因此，提出如下假设：

H6 网络金融犯罪惩罚概率对网络金融犯罪综合治理效果有正影响。

H7 网络金融犯罪惩罚概率对网络金融犯罪惩罚力度有正影响。

（4）犯罪惩罚力度与其他影响因素及网络金融犯罪综合治理效果的研究假设

早期威慑理论认为，犯罪分子通过接受刑罚处罚可以使其内心产生恐惧心理，进而遏制其未来犯罪动机的产生与行为选择。针对犯罪分子的刑罚处罚，包括早期残酷化的刑罚工具、恐怖化的行刑方式与现在合理化的刑罚力度。这些举措都是为借助刑罚这一工具达到惩罚犯罪分子，预防未来犯罪行为产生。提高犯罪惩罚力度可以强化刑罚威慑效应，形成司法层面网络金融犯罪预防模式，影响网络金融犯罪综合治理的打击犯罪与预防犯罪目标，影响网络金融犯罪综合治理效果。

因此，提出如下假设：

H8 网络金融犯罪惩罚力度对网络金融犯罪综合治理效果有正影响。

（5）预防犯罪法律宣传与其他影响因素及网络金融犯罪综合治理效果的研究假设

法律的出台为依法打击网络金融犯罪案件提供了法律依据与保障，但是仅通过立法与司法层面的刑罚威慑，还不足以完全预防网络金融犯罪行为的产生，在从严从重打击网络金融犯罪案件的同时，还需要配合全方位的网络金融法律与犯罪案件处罚的宣传，强化网络金融犯罪综合治理的打击与预防犯罪目标。网络金融法律宣传不仅要针对最广大的社会公众，也不能遗漏相关的从业机构。作为提供网络金融服务的直接提供方，网络金融从业机构身处网络金融犯罪综合治理的一线，加强网络金融法律宣传不仅会提升从业人员的法律素养，更会强化从业人员对网络金融刑罚处罚的认知，增强其对刑罚的畏惧与恐惧心理，预防"高智商"型犯罪案件的产生。同时，针对社会公众的法律宣传，可以有效建立社会公众对"罪"与"刑"的认知关联，实现社会公众"普法"与"学法"到"知法"与"守法""用法"的深层转变，为社会公众充分实施社会监督职责奠定法律素养基础。

因此，提出如下假设：

H9 预防网络金融犯罪法律宣传对网络金融机构及其业务规范性有正影响。

H10 预防网络金融犯罪法律宣传对社会监督有正影响。

（6）网络金融监管与其他影响因素及网络金融犯罪综合治理效果的研究假设

网络金融监管由政府内部相关金融监管部门与市场监督管理部门负责。网络金融监管部门依法依规对网络金融从业机构实行统一监督管理，维护网络金融市场稳定。无论是依照法规对网络金融机构及其业务范围的准入管理，还是对网络金融机构高级管理人员任职资格的审查与制定相关从业人员的管理规范，加强网络金融监管无疑会促进网络金融机构及其业务的规范性，有效降低风险爆发，进而形成网络金融犯罪的概率。除此之外，强化金融监管部门的监管职责，加强微观审慎监管、行为监管与金融消费者权益保护可以有效提高发现网络金融违法事件的概率，通过及时处置这些违法事件，能够减少公众损失，避免酿成情形更严重的网络金融犯罪案件。

因此，提出如下假设：

H11 网络金融监管对网络金融犯罪惩罚概率有正影响。

H12 网络金融监管对网络金融犯罪惩罚及时性有正影响。

H13 网络金融监管对网络金融机构及其业务规范性有正影响。

（7）机构及其业务规范性与其他影响因素及网络金融犯罪综合治理效果的研究假设

网络金融机构既是提供网络金融服务的主体，又是联系社会公众之间的枢纽。作为网络结构社会中的中坚力量，网络金融机构收集有海量的金融服务与消费者信息，因此，更应该建立严格的内控机制与管理体系，降低信息泄露事件发生，提高风险应对能力，规范从业人员行为，防止违法泄露客户信息。通过提高网络金融机构及其业务规范性，可以预防网络金融犯罪行为产生，进而影响网络金融犯罪综合治理效果。

因此，提出如下假设：

H14 网络金融机构及其业务规范性对网络金融犯罪综合治理效果有正影响。

（8）社会监督与其他影响因素及网络金融犯罪综合治理效果的研究假设

社会监督是我国网络金融监督与管理体系的重要组成部分，是除政府监管、行业自律之外参与网络金融犯罪综合治理的重要力量。社会组织、公共媒体以及社会公众作为社会参与方，是行使社会监督职能的主要群体。其中，社会组织的发展壮大，可以有效补足政府及企业在社会公共领域的缺失。公共媒体立足舆论导向，配合宣传部门针对网络金融犯罪案件进行报道与宣传，提高社会公众对网络金融相关法律法规的熟悉程度以及对网络金融犯罪手段的鉴别与防范能力。社会公众作为基础最为庞大的群体，是社会参与方的关键力量。通过提高社会公众"知法""懂法"及"用法""守法"的法律素养与鉴别网络金融犯罪手段的防范能力，社会公众才能作为除政府监管、行业自律之外的第三道网络金融犯罪防线。社会参与方有效履行社会监督职责，可以积极发现网络金融犯罪线索，有效提高网络金融犯罪的惩罚概率与惩罚及时性，避免犯罪分子逍遥法外。除此之外，社会参与方对网络金融的有效监督，也可以反过来促进网络金融机构及其业务的规范性，进而影响网络金融犯罪综合治理效果。

因此，提出如下假设：

H15 社会监督对网络金融监管有正影响。

H16 社会监督对网络金融犯罪惩罚及时性有正影响。

H17 社会监督对网络金融犯罪惩罚概率有正影响。

H18 社会监督对网络金融机构及其业务规范性有正影响。

通过上述分析，本书提出我国网络金融犯罪综合治理效果概念模型，如图 4-7 所示。

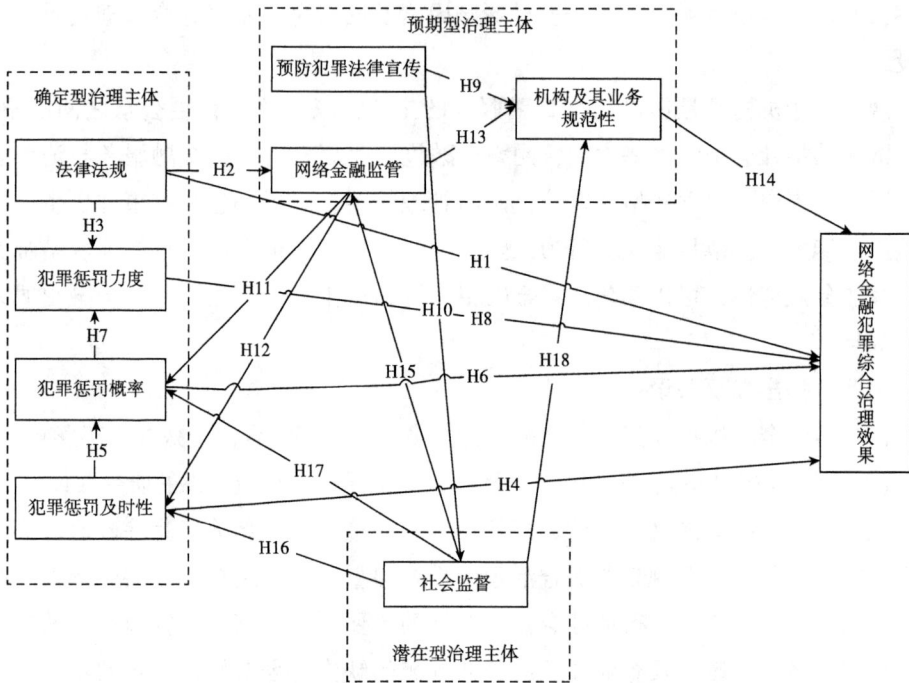

图 4-7　网络金融犯罪综合治理效果概念模型

5 网络金融犯罪综合治理效果研究 假设的实证检验

本章首先根据第 4 章的研究结论，以不同层级主体影响网络金融犯罪综合治理效果的影响机理为根基，影响因素为脉络，设计调查问卷，利用小规模前测调查的结果对调查问卷进行调整与优化，形成最终调查问卷。其次，通过对网络金融犯罪综合治理相关领域机构与人员以及随机社会公众进行调查问卷的发放与回收，取得本书需要的研究数据。再次，对收集的样本数据进行信度与效度检验。最后，通过结构方程模型的方法对研究假设进行实证检验。

5.1 调查问卷设计

为了验证第 4 章提出的关于我国网络金融犯罪综合治理效果的研究假设，本章拟利用调查问卷收集相关研究数据。调查问卷的设计充分参考了第 4 章关于网络金融犯罪综合治理效果的影响机理与影响因素分析结果，借鉴了已有相关领域的研究成果，结合我国网络金融发展的现实情况，逐步设计调查问卷的各个测量项目。

5.1.1 调查问卷结构

本次问卷共包含两个部分。其中，第一部分是被调查对象的基本信息，第二部分是网络金融犯罪综合治理效果的相关测量项目。本次问卷设计采用李克特五量级度量表，被调查对象需要根据测量项目在 1 完全不同意、2 基本不同意、3 态度中立、4 基本同意与 5 完全同意中根据自身的理解进行合理打分。

5.1.2 问卷产生的理论过程

本次问卷设计以网络金融犯罪综合治理效果的影响机理与影响因素分析为基础，借鉴了已有相关领域的研究基础，参考了相关领域内一线工作人员与有关专家学者的意见，结合我国网络金融犯罪现状与网络金融犯罪综合治理实践，形成本次调查问卷的具体测量项目。

（1）确定型治理主体层面

确定型治理主体层面有 4 个因素影响网络金融犯罪综合治理效果，分别是法律法规、犯罪惩罚概率、犯罪惩罚力度与犯罪惩罚及时性。

1）法律法规层面

参考既有文献与网络金融犯罪综合治理相关实践，从网络金融犯罪领域立法研究、修订与完善现有网络金融法律法规体系、制定专门网络金融法律法规以及针对网络金融消费者的倾斜性保护四个方面衡量网络金融法律法规的健全与完善程度，形成的测量项目如表 5-1 所示。

表 5-1　网络金融法律法规测量项目

代码	测量项目	来源
AA1	立法研究	崔浩（2015）；顾爱平（2017）
AA2	修订与完善现有网络金融法律法规体系	李文莉和宋华健（2018）；刘艳平（2019）
AA3	制定专门网络金融法律法规	潘静（2018）；裴久徵（2019）
AA4	网络金融消费者的倾斜性保护	薛然巍（2019）；郯俊（2019）

2）犯罪惩罚概率层面

参考既有文献与网络金融犯罪综合治理相关实践，从侦查措施综合运用、信息技术使用、警情反应、案件侦破效率、国际刑事司法合作和公安与检法的协调机制六个方面衡量网络金融犯罪惩罚概率，形成的测量项目如表 5-2 所示。

表 5-2　网络金融犯罪惩罚概率测量项目

代码	测量项目	来源
AB1	侦查措施综合运用	单丹（2018）；杜航（2018）
AB2	信息技术	王超（2019）；孙涛和田光伟（2019）
AB3	警情反应	傅跃建和傅俊梅（2014）
AB4	案件侦破效率	张异和黄一宸（2017）
AB5	国际刑事司法合作	马薇（2017）；吴羽（2018）；尹向明等（2019）
AB6	公检法的协调机制	林喜芬和张弛（2018）

3）犯罪惩罚力度层面

参考既有文献与网络金融犯罪综合治理相关实践，从刑事处罚、扩大资格刑与罚金刑适用、追究民事损害赔偿责任以及惩罚信息及时公开四个层面衡量网络金融犯罪惩罚力度，形成的具体测量项目如表 5-3 所示。

表 5-3 网络金融犯罪惩罚力度测量项目

代码	测量项目	来源
AC1	刑事处罚	吕颖等（2017）；张英（2018）；李振林（2019）
AC2	扩大资格刑与罚金刑适用	李霞（2016）；高媛（2018）
AC3	涉案财物移交与处置	万毅和谢天（2016）；龙建平（2017）；方柏兴（2018）
AC4	涉案财物处置信息公开	谢锐勤（2019）；谢勇和陈小杉（2019）；石魏和贾长森（2019）

4）惩罚及时性层面

参考既有文献与网络金融犯罪综合治理相关实践，从预警平台建立、舆情监督与信息分享和快速查询与冻结机制建立三个层面衡量网络金融犯罪惩罚及时性。形成的具体测量项目如表 5-4 所示。

表 5-4 网络金融犯罪惩罚及时性测量项目

代码	测量项目	来源
AD1	预警平台建立	朱家稷等（2016）；刘丹和王雷（2019）；李兰英等（2019）
AD2	舆情监督与信息分享	李腾（2018）；崔仕绣（2018）
AD3	快速查询与冻结机制建立	刘涛和尹晓春（2014）；束剑平（2015）；刘少军（2019）

（2）预期型治理主体层面

预期型治理主体层面有三个因素影响网络金融犯罪综合治理效果，分别是预防犯罪法律宣传、网络金融监管与机构及其业务规范性。

1）预防犯罪法律宣传层面

从宣传形式、宣传内容、宣传借助现代网络、宣传对象广泛性与针对特殊人群（中老年人、离退休人员以及家庭妇女等）的宣传五个方面衡量预防犯罪法律宣传，形成的测量项目如表 5-5 所示。

表 5-5 预防犯罪法律宣传测量项目

代码	测量项目	来源
BA1	宣传形式	韩文山（2013）；张晋藩（2018）
BA2	宣传内容	刘娜（2014）；沈悦（2015）
BA3	宣传可获得性	荣月（2016）；杜金（2019）
BA4	宣传对象广泛性	高学敏（2014）；殷浩（2019）
BA5	针对特殊人群（中老年人、离退休人员以及家庭妇女等）的宣传	张晨等（2017）；陆岷峰和徐阳洋（2019）

2）网络金融监管层面

从监管机构的行政审批、行政检查、针对违法事件的行政强制措施运用、针对违法事件的行政处罚以及行政处罚案件涉嫌犯罪及时移交司法机关五个方面衡量网络金融监管，形成的测量项目如表5-6所示。

表5-6　网络金融监管测量项目

代码	测量项目	来源
BB1	行政审批	王克稳（2017）；陆岷峰和李蔚（2018）
BB2	行政检查	邢会强（2014）；屈淑娟（2017）
BB3	针对违法事件的行政强制措施运用	杨海静和万国华（2016）
BB4	针对违法事件的行政处罚	胡宗金（2018）；袁奥博（2018）；范明珠和杨军（2019）
BB5	行政处罚案件涉嫌犯罪及时移交司法机关	敬磊（2015）；彭艳霞和王爱平（2015）

3）机构及其业务规范性层面

参考既有文献与网络金融犯罪综合治理相关实践，从机构协助司法机关的案件协查与侦查、准确披露产品信息、产品风险揭示的形式与标准易于公众理解、准确的产品收益宣传与有效的投资人安全教育五个层面衡量网络金融机构及其业务规范性。形成的具体测量项目如表5-7所示。

表5-7　网络金融机构及其业务规范性测量项目

代码	测量项目	来源
BC1	协助案件协查与侦查	董邦俊和赵聪（2019）；明乐齐（2019）
BC2	产品信息披露与说明	刘倩云（2016）；姚海放（2018）
BC3	风险揭示形式与标准	杨宏芹和王兆磊（2014）；颜凌云（2017）
BC4	收益宣传	于寒（2014）；常秀娇和张志富（2017）
BC5	安全教育	潘静等（2019）；李苍舒（2019）

（3）潜在型治理主体层面

潜在型治理主体层面影响网络金融犯罪综合治理效果的影响因素是社会监督。参考既有文献与网络金融犯罪综合治理相关实践，从举报渠道、社会监督奖励与社会监督作为政府监管有效补充三个层面衡量社会监督。形成的具体测量项目如表5-8所示。

表 5-8　社会监督测量项目

代码	测量项目	来源
CA1	举报渠道	刘昕（2015）；杜治洲和李亚哲（2017）
CA2	社会监督奖励	刘传红和王春淇（2016）
CA3	社会监督作为政府监管有效补充	林晚发（2015）；张一林等（2017）

（4）网络金融犯罪综合治理效果

参考既有文献与网络金融犯罪综合治理相关实践，从治理体系与能力现代化、预防与打击网络金融犯罪、社会稳定、公众守法意识与公众防范能力五个层面衡量网络金融犯罪综合治理效果。形成的具体测量项目如表 5-9 所示。

表 5-9　网络金融犯罪综合治理效果测量项目

代码	测量项目	来源
DA1	治理体系与能力现代化	徐汉明和张乐（2015）；贺卫（2016）
DA2	预防与打击网络金融犯罪	殷宪龙（2014）；朱健齐和陈英杰（2016）
DA3	社会稳定	任怡（2015）；王晓东（2017）
DA4	公众守法意识	蔡道通（2015）；李娜（2018）
DA5	公众防范能力	宋程程（2016）；周君君（2017）

5.1.3　问卷产生的理论依据

问卷产生的理论依据如表 5-10 所示。

表 5-10　网络金融犯罪综合治理效果测量项目的理论依据

影响因素	理论依据
法律法规	崔浩（2015）；顾爱平（2017）；李文莉和宋华健（2018）；刘艳平（2019）；潘静（2018）；裴久徽（2019）；薛然巍（2019）；郄俊（2019）
犯罪惩罚概率	单丹（2018）；杜航（2018）；王超（2019）；孙涛和田光伟（2019）；傅跃建和傅俊梅（2014）；张异和黄一宸（2017）；马薇（2017）；吴羽（2018）；尹向明等（2019）；林喜芬和张弛（2018）
犯罪惩罚力度	吕颢等（2017）；张英（2018）；李振林（2019）；李霞（2016）；高媛（2018）；万毅和谢天（2016）；龙建平（2017）；方柏兴（2018）；谢锐勤（2019）；谢勇和陈小杉（2019）；石魏和贾长森（2019）
犯罪惩罚及时性	朱家稷等（2016）；刘丹和王雷（2019）；李兰英等（2019）；李腾（2018）；崔仕绣（2018）；刘涛和尹晓春（2014）；束剑平（2015）；刘少军（2019）

影响因素	理论依据
预防犯罪法律宣传	韩文山（2013）；张晋藩（2018）；刘娜（2014）；沈悦（2015）；荣月（2016）；杜金（2019）；高学敏（2014）；殷浩（2019）；张晨等（2017）；陆岷峰和徐阳洋（2019）
网络金融监管	王克稳（2017）；陆岷峰和李蔚（2018）；邢会强（2014）；屈淑娟（2017）；杨海静和万国华（2016）；胡宗金（2018）；袁奥博（2018）；范明珠和杨军（2019）；敬磊（2015）；彭艳霞和王爱平（2015）
机构及其业务	董邦俊和赵聪（2019）；明乐齐（2019）；刘倩云（2016）；姚海放（2018）；杨宏芹和王兆磊（2014）；颜凌云（2017）；于寒（2014）；常秀娇和张志富（2017）；潘静等（2019）；李苍舒（2019）
社会监督	刘昕（2015）；杜治洲和李亚哲（2017）；刘传红和王春淇（2016）；林晚发（2015）；张一林等（2017）
综合治理效果	徐汉明和张乐（2015）；贺卫（2016）；殷宪龙（2014）；朱健齐和陈英杰（2016）；任怡（2015）；王晓东（2017）；蔡道通（2015）；李娜（2018）；宋程程（2016）；周君君（2017）

5.1.4　问卷前测

为确保最终调查问卷的质量，在发放正式问卷之前，先制作前测问卷，对小样本范围内进行问卷发放与回收，根据回收分析的结果对设计的问卷进行相应的修正。

在专家评价问卷中，以线上问卷与线下问卷相结合的形式共发放问卷200份，回收有效问卷178份。在公众评价问卷中，以线上发放的方式共发放问卷300份，回收有效问卷267份。

在回收完专家评价与公众评价的前测问卷之后，笔者首先对调研对象反映的关于部分调研问卷中题目的排列顺序、题目描述的偏差进行了修改与润色。随后采取SPSS19.0对收集到的问卷数据进行了检验。检验结果显示，专家评价前测问卷共有40个测量项目，共被抽取出9个公共因子，这些公共因子均具有良好的Cronbach系数，其具体值均大于0.7。但是在具体测量项目中，AA1立法公共参与（0.429），AB3警情反应（0.461），DA4公民守法意识（0.491）和DA5公民防范能力（0.512）在相应的公因子上的因子负荷数值较小，且DA4、DA5还存在与多个公因子对应的情况。因此，为了保障最终正式问卷的数据质量，根据以往的研究经验，将这些观测项目予以删除，形成的最终问卷（见附录B）。

公众评价前测问卷共有40个测量项目，共被抽取出9个公共因子，这些公共因子均具有良好的Cronbach系数，其具体值均大于0.7。但是在具体测量项目中，

BB3 行政强制措施（0.221），AB5 国际刑事司法合作（0.387），AB6 与检法的协调机制（0.332），BC1 案件协查（0.213），DA2 治理体系与治理能力现代化（0.453）以及 DA3 社会稳定（0.176）在相应公因子上的因子负荷均小于 0.5。根据以往的研究经验，为了保证最终调查问卷具有良好的信度与效度，将这些观测项目删除，最终形成公众评价调查问卷（见附录 C）。

5.2　调查对象与数据收集

5.2.1　调查对象

鉴于本书研究内容的专业性，为了保障所获取问卷质量专业性与样本数据的可靠性，本书所选择的专家均为公检法的相关工作人员、网络金融监管部门成员与网络金融行业相关从业人员。而公众评价对象则以随机公众为主。

5.2.2　问卷发放与数据整理

为了提高问卷的质量与样本数据的可靠性，针对公众评价与专家评价设计了不同的问卷发放方式。

（1）专家评价

首先使用问卷星发布网络金融犯罪综合治理效果（专家评价）调查问卷，发放对象为公检法等相关人员。随后课题组成员又通过实际走访公检法在内的司法机关、以及包括网络金融监督管理部门在内的政府部门相关领导、主要负责人与一线工作人员进行现场发放问卷。此次正式问卷发放从（2019 年 8 月 19 日至 9 月 2 日），一共二周。其中，通过线上问卷星共回收问卷 178 份，包括通过 PC 端问卷链接提交的问卷 51 份，通过手机端链接（或扫描二维码）提交的问卷 127 份。通过线下问卷发放与回收的问卷共有 224 份。最终专家问卷共回收 402 份。

（2）公众评价

通过问卷星发布网络金融犯罪综合治理效果（公众评价）调查问卷，发放对象为研究组成员拥有的微信群中的成员。此次正式问卷发放从（2019 年 8 月 9 日至 8 月 16 日），为期一周。因为问卷星可以设置用户答卷缺漏答案无法进行提交，因此，本次共收到 1131 份有效问卷，其中，通过 PC 端问卷链接提交的问卷有 319 份，通过手机端链接（或扫描二维码）提交的问卷有 812 份。

5.2.3　样本整理与统计分析

在对所有问卷进行回收之后，课题组成员对所有问卷数据进行进一步的处理分析。虽然通过问卷星回收的调查问卷保证了问卷不存在数据缺失，但是这些数值是否能用于后续研究还需要进一步对所有数据进行分析，以确保最终研究数据具有较高的质量。

首先，由于本书的两项调查问卷测量题目较多，经过课题组人员的相关测试，通常首次接触本研究的人员填完问卷需要 5 ~10 分钟。通过问卷前测研究发现，当问卷的作答时间少于 200 秒时，问卷所有的数据通常不理想，可以视为本次问卷填写大概率属于被调查用户的随意填答。因此，课题组首先针对线上回收的调查问卷，将其中作答时长少于 200 秒的问卷数据予以删除。其次，针对所有线上线下数据进行人工识别，将其中存在同质性答案的问卷（填写答案全部为 3、4 或 5 的同质性答案）进行人工删除。最终公众评价的有效问卷 776 份，专家评价的有效问卷 399 份。

从数据整体来看，专家评价中，399 位受访者的数据呈现出具有高学历、司法机关一线工作经历的特点，这与所研究的问题具有较强的契合程度。而在公众评价的776 位受访者中，多以 19 ~30 岁的人员为本次受访群体，这可能与课题组采用基于微信线上的问卷星作为发放与收集问卷的工具有很大的关联。从整体角度来看，本次正式问卷所具有的样本数据符合研究的内容要求，样本数据代表性较好。其中，专家评价问卷的统计性分析如表 5-11 所示，公众评价问卷的统计性分析如表 5-12所示。

表 5-11　网络金融犯罪综合治理效果（专家评价）

统计内容		频次	百分比	累计百分比
性别	男	220	55.14%	55.14%
	女	179	44.86%	100%
年龄	19~30 岁	78	19.55%	19.55%
	31~40 岁	159	39.85%	59.40%
	41~50 岁	131	32.83%	92.23%
	51 岁及以上	31	7.77%	100%
学历	硕士及以上	107	26.82%	26.82%
	本科	138	34.57%	61.39%
	大专	97	24.31%	85.70%
	高中及以下	57	14.29%	100%

统计内容		频次	百分比	累计百分比
所在行业性质	从业机构	77	19.30%	19.30%
	立法机关	31	7.76%	27.07%
	行政机关	67	16.79%	43.86%
	司法机关	123	30.83%	74.69%
	研究机构	67	16.79%	91.48%
	其他	34	8.52%	100%
职务	高层管理者	3	0.75%	0.75%
	中层管理者	12	3.00%	3.75%
	基层管理者	47	11.78%	15.53%
	普通员工	337	84.46%	100%
所在部门	业务部门	159	39.85%	39.85%
	技术部门	121	30.33%	70.18%
	管理部门	56	14.04%	84.22%
	行政部门	39	9.77%	93.99%
	其他	24	6.02%	100%

表 5-12 网络金融犯罪综合治理效果（公众评价）

统计内容		频次	百分比	累计百分比
性别	男	378	48.71%	48.71%
	女	398	51.29%	100%
年龄	18 岁以下	17	2.20%	2.19%
	19~30 岁	314	40.46%	42.65%
	31~40 岁	172	22.16%	64.81%
	41~50 岁	172	22.16%	86.97%
	51 岁及以上	101	13.02%	100%
学历	硕士及以上	337	43.43%	43.43%
	本科	329	42.40%	85.83%
	大专	90	11.60%	97.43%
	高中及以下	20	2.58%	100%
现在或退休前职业（前三）	一般职员	156	20.10%	20.10%
	机关干部	142	18.30%	38.40%
	教育科研人员	97	12.50%	50.90%
居住情况（前三）	与配偶及子女同住	282	36.34%	36.34%
	与亲人或朋友同住	164	21.13%	57.47%
	只与配偶同住	139	17.91%	75.38%

度较高。

专家评价的数据在正交旋转后的矩阵中，其36个观测项目被提取出9个特征值大于1的公因子，其累计方差解释达到80.451%，这说明被提取出的9个公因子可以解释问卷中80.451%的信息。随后，在旋转后的矩阵中可以看到，隶属于同一维度上的观测项目在对应的公因子上的负荷值均大于0.5（个别测量项目负荷值区间为0.5~0.6，其余大部分均大于0.6），而在其他公因子上的负荷值均小于0.5（已省略）。这说明该问卷的内部具有较好的结构效度。专家评价数据因子负荷、特征值及解释方差如表5-15所示。

表5-15 专家评价因子负荷、特征值及解释方差

观测变量	旋转成分矩阵								
	因子1	因子2	因子3	因子4	因子5	因子6	因子7	因子8	因子9
BB2	0.717								
BB3	0.712								
BB1	0.705								
BB4	20.684								
BB5	0.629								
BC2		0.870							
BC5		0.813							
BC3		0.811							
BC4		0.681							
BC1		0.605							
BA3			0.872						
BA1			0.847						
BA2			0.821						
BA4			0.671						
BA5			0.615						
AB1				0.753					
AB2				0.641					
AB3				0.641					
AB5				0.601					
AB4				0.578					
DA2					0.810				
DA3					0.781				
DA1					0.740				

84

观测变量	旋转成分矩阵								
	因子1	因子2	因子3	因子4	因子5	因子6	因子7	因子8	因子9
AA4						0.831			
AA3						0.808			
AA2						0.746			
AC4							0.714		
AC3							0.700		
AC1							0.690		
AC2							0.549		
AD2								0.782	
AD1								0.695	
AD4								0.684	
CA3									0.789
CA1									0.625
CA2									0.572
特征值	4.690	4.284	4.181	3.021	3.019	2.712	2.599	2.532	1.924
方差解释	13.029%	11.900%	11.614%	8.391%	8.385%	7.533%	7.220%	7.035%	5.343%
累计方差解释	13.029%	24.929%	36.543%	44.934%	53.319%	60.853%	68.073%	75.107%	80.451%

5.3.2 测量模型的信度与效度分析

为了检验探索性因子分析中各观测项目的因素负荷量在结构方程中的参数估计是否显著，以及检验包括潜在变量的测量模型的信度与效度，接下来继续对测量模型进行验证性因子分析，所使用的工具为 AMOS21.0。首先进行因子模型的设定。限于篇幅，仅给出确定型治理主体层面因子模型，如图 5-1 所示。

在进行验证性因子分析之前，Amos 提供的关于测量模型的适配参数如表 5-16 所示。与吴明隆（2013）给出的适配标准相比发现该测量模型仅 AGFI 与 PGFI 两项指标未达到相关要求。但考虑在样本数据增大时，部分适配性指标小于适配性标准可以接受。因此，从整体来看，可以接受该测量模型。

表 5-16 确定型治理主体层面测量模型拟合结果

统计检验量	x^2/df	GFI	RMSEA	IFI	NFI	NNFI	AGFI	PNFI	PGFI
适配标准	<3	>0.9	<0.08	>0.9	>0.9	>0.9	>0.9	>0.5	>0.5
本模型参数	2.651	0.947	0.078	0.979	0.973	0.965	0.898	0.587	0.489

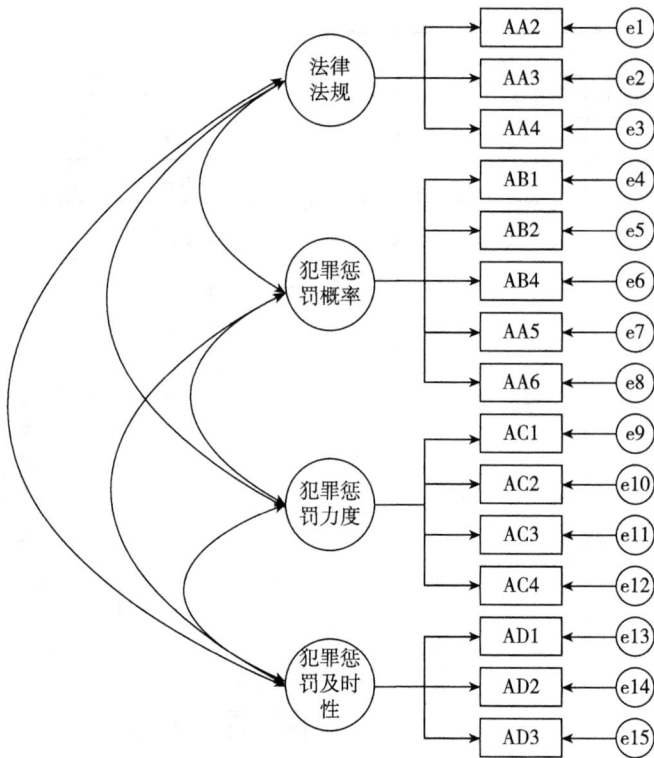

图 5-1 确定型治理主体层面因子分析模型

随后，针对测量模型进行信度与效度检验。其中，信度检验采用潜在变量的组合信度（Composite Reliability，CR）进行衡量，当潜在变量与预期观测项目之间的路径显著（P<0.05），且其标准化路径系数>0.5，且组合信度 CR>0.7 时，便可以认为其具有良好的信度。而测量模型的收敛效度则采用观测项目的标准化因子负荷>0.5，组合信度 CR>0.7，且其平均方差抽取量>0.5 时，则认为该测量模型具有良好的收敛效度。而其区别效度则以测量模型分别通过组合信度与收敛效度的检验之下，其任意一个潜在变量的平均方差抽取量 AVE 高于该变量与其他潜在变量的相关系数绝对值，则可以认为该模型具有良好的区别效度。最终，专家评价测量模型的信度与收敛效度检验如表 5-17 所示。区别效度如表 5-18 所示。

表 5-17 专家评价测量模型 CR 值，因子负荷以及 AVE

潜在变量	观测变量	标准化因子负荷	显著性水平	组合信度 CR	平均方差抽取量 AVE
法律法规	AA2	0.924	—	0.876	0.753
	AA3	0.896	***		
	AA4	0.770	***		

续表

潜在变量	观测变量	标准化因子负荷	显著性水平	组合信度 CR	平均方差抽取量 AVE
犯罪惩罚概率	AB1	0.796	—	0.927	0.680
	AB2	0.786	***		
	AB3	0.762	***		
	AB4	0.937	***		
	AB5	0.849	***		
犯罪惩罚力度	AC1	0.748	—	0.875	0.667
	AC2	0.827	***		
	AC3	0.945	***		
	AC4	0.737	***		
犯罪惩罚及时性	AD1	0.633	—	0.765	0.525
	AD2	0.734	***		
	AD3	0.789	***		
预防犯罪法律宣传	BA1	0.940	—	0.910	0.739
	BA2	0.868	***		
	BA3	0.799	***		
	BA4	0.891	***		
	BA5	0.801	***		
网络金融监管	BB1	0.799	—	0.918	0.672
	BB2	0.926	***		
	BB3	0.938	***		
	BB4	0.800	***		
	BB5	0.643	***		
机构及其业务规范性	BC1	0.709	—	0.927	0.718
	BC2	0.925	***		
	BC3	0.893	***		
	BC4	0.806	***		
	BC5	0.921	***		
社会监督	CA1	0.875	—	0.846	0.652
	CA2	0.920	***		
	CA3	0.614	***		
网络金融犯罪综合治理效果	DA1	0.847	—	0.881	0.713
	DA2	0.976	***		
	DA3	0.725	***		

表 5-18　潜在变量间相关系数矩阵

潜在变量	法律法规	惩罚概率	惩罚力度	惩罚及时性	法律宣传	网络金融监管	机构及其业务规范性	社会监督	综合治理效果
法律法规	**0.867**								
惩罚概率	0.556	**0.825**							
惩罚力度	0.527	0.581	**0.817**						
惩罚及时性	0.433	0.443	0.403	**0.725**					
法律宣传	0.523	0.590	0.532	0.410	**0.860**				
网络金融监管	0.618	0.630	0.571	0.448	0.580	**0.820**			
机构及其业务	0.436	0.647	0.454	0.470	0.432	0.297	**0.847**		
社会监督	0.572	0.510	0.670	0.607	0.604	0.437	0.446	**0.807**	
综合治理效果	0.436	0.564	0.502	0.478	0.589	0.457	0.421	0.466	**0.844**

从表 5-18 可以看出，专家评价测量模型的验证性因子分析结果显示，其包含的 9 个潜在变量下的观测项目的因子负荷均大于 0.6，因子系数非常显著（P = 0.000），所有的 9 个潜在变量的组合信度 CR 均大于 0.765，平均方差抽取量均大于 0.525，说明该测量模型拥有较好的信度与收敛效度。同时，由表 5-18 可以看出，该测量模型拥有的 9 个潜在变量的 AVE 平方根值（表中对角线上加粗数值）均明显大于潜在变量之间的相关系数，这说明该测量模型拥有良好的区别效度。

5.4　模型验证的分析结果

5.4.1　结构模型的路径分析

本节利用 R 语言中的 Lavaan 对网络金融犯罪综合治理效果概念模型中的各路径关系进行检验。其中，模型的估计方法选用极大似然估计法（ML），通过对模型相关系数的估计，检验模型的解释能力，并对各因素间的影响路径的研究假设进行显著性检验。其中，专家评价数据检验结果如表 5-19 所示。

表 5-19　专家评价检验结果

潜在变量间的路径关系	标准化路径系数	S. E.	Z-value	P	显著性检验
预防犯罪法律宣传—社会监督	0.579	0.052	11.220	0.000	显著
法律法规—网络金融监管	0.641	0.058	11.031	0.000	显著
社会监督—网络金融监管	0.853	0.061	13.941	0.000	显著
法律法规—犯罪惩罚力度	0.293	0.053	5.557	0.000	显著

续表

潜在变量间的路径关系	标准化路径系数	S. E.	Z-value	P	显著性检验
惩罚概率—犯罪惩罚力度	0.587	0.043	13.775	0.000	显著
惩罚及时性—犯罪惩罚概率	0.320	0.064	4.991	0.000	显著
社会监督—犯罪惩罚概率	0.428	0.070	6.106	0.000	显著
网络金融监管—犯罪惩罚概率	0.500	0.057	8.747	0.000	显著
网络金融监管—犯罪惩罚及时性	0.385	0.054	7.180	0.000	显著
社会监督—犯罪惩罚及时性	0.320	0.071	4.505	0.000	显著
惩罚及时性—综合治理效果	0.203	0.060	3.405	0.001	显著
惩罚概率—综合治理效果	0.083	0.055	1.646	0.100	不显著
惩罚力度—综合治理效果	0.247	0.050	4.465	0.000	显著
法律法规—综合治理效果	0.198	0.055	3.612	0.000	显著
机构及其业务规范性—综合治理效果	0.203	0.049	4.546	0.000	显著
网络金融监管—机构及其业务规范性	0.160	0.042	3.785	0.000	显著
预防犯罪法律宣传—机构及其业务规范性	0.649	0.061	10.557	0.000	显著
社会监督—机构及其业务规范性	0.212	0.061	3.459	0.001	显著

x^2	df	x^2/df	P	CFI	NFI	IFI	RMSEA
2219.53	575	3.86	0.000	0.862	0.844	0.863	0.076

从表 5-19 结果可以看出，本书构建的网络金融犯罪综合治理效果概念模型整体表现较好，其中，除了"犯罪惩罚概率—综合治理效果"（P=0.100>0.05）的研究假设路径系数不显著之外，其余研究假设的路径标准化系数均通过了假设检验，理论模型中的绝大多数研究假设得到了验证。除此之外，该模型的卡方值 x^2 为 2219.53，自由度 df 为 575，P=0.000。由于卡方值直接受到样本数据影响较大，Hair（2010）建议，当样本数据大于 250 时，且观测变量超过 30 时，应当以 x^2 的 P 值显著（P<0.05）为标准。除此之外，本模型的 x^2/df 为 3.86，略大于 3，但是考虑到本书所使用的样本较大，因此，可以接受 x^2/df。另外，CFI 为 0.862，NFI 为 0.844，IFI 为 0.863，虽然没有到 0.9，但是同样考虑到样本数据较大，因此可以接受。RMSEA 为 0.076，同样可以接受。

同样利用 R 语言中 Lavaan 对公众评价的结果对各影响因素间的研究假设进行检验，公众评价数据检验结果如表 5-20 所示。

表 5-20　公众评价检验结果

潜在变量间的路径关系	标准化路径系数	S.E.	Z-value	P	显著性检验
预防犯罪法律宣传—社会监督	0.544	0.043	12.768	0.000	显著
法律法规—网络金融监管	0.654	0.046	14.196	0.000	显著
社会监督—网络金融监管	0.560	0.041	13.788	0.000	显著
法律法规—犯罪惩罚力度	0.445	0.046	9.710	0.000	显著
犯罪惩罚概率—犯罪惩罚力度	0.529	0.034	15.775	0.000	显著
犯罪惩罚及时性—犯罪惩罚概率	0.163	0.038	4.304	0.000	显著
社会监督—犯罪惩罚概率	0.155	0.041	3.743	0.000	显著
网络金融监管—犯罪惩罚概率	0.659	0.043	15.321	0.000	显著
网络金融监管—犯罪惩罚及时性	0.436	0.036	12.190	0.000	显著
社会监督—犯罪惩罚及时性	0.172	0.041	4.156	0.000	显著
犯罪惩罚及时性—综合治理效果	0.048	0.036	1.316	0.188	不显著
犯罪惩罚概率—综合治理效果	0.180	0.038	4.768	0.000	显著
犯罪惩罚力度—综合治理效果	0.206	0.039	5.274	0.000	显著
法律法规—综合治理效果	0.114	0.047	2.403	0.016	显著
机构及其业务规范性—综合治理效果	0.208	0.033	6.318	0.000	显著
网络金融监管—机构及其业务规范性	0.446	0.037	11.981	0.000	显著
预防犯罪法律宣传—机构及其业务规范性	0.489	0.048	10.208	0.000	显著
社会监督—机构及其业务规范性	0.105	0.044	2.405	0.016	显著

x^2	df	x^2/df	P	CFI	NFI	IFI	RMSEA
1645.378	508	3.24	0.000	0.883	0.873	0.883	0.081

从表 5-20 结果可以看出，本书构建的网络金融犯罪综合治理效果概念模型整体表现较好，其中，除了"犯罪惩罚及时性—综合治理效果"（P = 0.188>0.05）研究假设路径系数不显著之外，其余路径的标准化系数均通过了假设检验，理论模型中绝大多数路径假设得到了验证。除此之外，该模型的卡方值 x^2 为 1645.378，自由度 df 为 508，P = 0.000。由于卡方值直接受到样本数据影响较大，Hair（2010）建议，当样本数据大于 250 时，且观测变量超过 30 时，应当以 x^2 的 P 值显著（P<0.05）为标准。除此之外，本模型的 x^2/df 为 3.24，略大于 3，但是考虑到本书所使用的样本较大，因此，可以接受 x^2/df。另外，CFI 为 0.883，NFI 为 0.873，IFI 为 0.883，虽然没有到 0.9，但是同样考虑到样本数据较大，因此可以接受。RMSEA

为 0.081，同样可以接受。

5.4.2 模型假设检验

本节继续对模型包含的研究假设进行检验。专家评价假设检验的结果如表 5-21 所示。

表 5-21 专家评价假设检验结果

假设及作用路径	标准路径系数	S. E.	Z-value	P	显著性检验	假设检验结果
H1 法律法规—综合治理效果	0.198	0.055	3.61	0.000	显著	成立
H2 法律法规—网络金融监管	0.641	0.058	11.03	0.000	显著	成立
H3 法律法规—犯罪惩罚力度	0.293	0.053	5.557	0.000	显著	成立
H4 犯罪惩罚及时性—综合治理效果	0.203	0.060	3.405	0.001	显著	成立
H5 犯罪惩罚及时性—犯罪惩罚概率	0.320	0.064	4.991	0.000	显著	成立
H6 犯罪惩罚概率—综合治理效果	0.083	0.055	1.646	0.100	不显著	不成立
H7 犯罪惩罚概率—犯罪惩罚力度	0.587	0.043	13.77	0.000	显著	成立
H8 犯罪惩罚力度—综合治理效果	0.247	0.050	4.465	0.000	显著	成立
H9 预防犯罪法律宣传—机构及其业务规范性	0.649	0.061	10.557	0.000	显著	成立
H10 预防犯罪法律宣传—社会监督	0.579	0.052	11.22	0.000	显著	成立
H11 网络金融监管—犯罪惩罚概率	0.500	0.057	8.747	0.000	显著	成立
H12 网络金融监管—犯罪惩罚及时性	0.385	0.054	7.180	0.000	显著	成立
H13 网络金融监管—机构及其业务规范性	0.160	0.042	3.785	0.000	显著	成立
H14 机构及其业务规范性—综合治理效果	0.203	0.049	4.546	0.000	显著	成立
H15 社会监督—网络金融监管	0.853	0.061	13.94	0.000	显著	成立
H16 社会监督—犯罪惩罚及时性	0.320	0.071	4.505	0.000	显著	成立
H17 社会监督—犯罪惩罚概率	0.428	0.070	6.106	0.000	显著	成立
H18 社会监督—机构及其业务规范性	0.212	0.061	3.459	0.001	显著	成立

由表 5-21 的结果可以看到，其中，除了原假设 H6 "犯罪惩罚概率—综合治理效果"不显著，其余假设包含的影响因素之间的路径系数均在不同的显著性水平上达到了显著性要求（P<0.05）。因此，原有的 18 个假设删除 H6 之后共有 17 个假设成立。

同理，本书继续利用该模型对公众评价的原假设进行检验，公众评价假设检验结果如表 5-22 所示。

表 5-22 公众评价假设检验结果

假设及作用路径	标准路径系数	S. E.	Z-value	P	显著性检验	假设检验结果
H1 法律法规—综合治理效果	0.114	0.047	2.403	0.016	显著	成立
H2 法律法规—网络金融监管	0.654	0.046	14.19	0.000	显著	成立
H3 法律法规—犯罪惩罚力度	0.445	0.046	9.710	0.000	显著	成立
H4 犯罪惩罚及时性—综合治理效果	0.048	0.036	1.316	0.188	不显著	不成立
H5 犯罪惩罚及时性—犯罪惩罚概率	0.163	0.038	4.304	0.000	显著	成立
H6 犯罪惩罚概率—综合治理效果	0.180	0.038	4.768	0.000	显著	成立
H7 犯罪惩罚概率—犯罪惩罚力度	0.529	0.034	15.77	0.000	显著	成立
H8 犯罪惩罚力度—综合治理效果	0.206	0.039	5.274	0.000	显著	成立
H9 预防犯罪法律宣传—机构及其业务规范性	0.489	0.048	10.20	0.000	显著	成立
H10 预防犯罪法律宣传—社会监督	0.544	0.043	12.76	0.000	显著	成立
H11 网络金融监管—犯罪惩罚概率	0.659	0.043	15.32	0.000	显著	成立
H12 网络金融监管—犯罪惩罚及时性	0.436	0.036	12.19	0.000	显著	成立
H13 网络金融监管—机构及其业务规范性	0.446	0.037	11.98	0.000	显著	成立
H14 机构及其业务规范性—综合治理效果	0.208	0.033	6.318	0.000	显著	成立
H15 社会监督—网络金融监管	0.560	0.041	13.78	0.000	显著	成立
H16 社会监督—犯罪惩罚及时性	0.172	0.041	4.156	0.000	显著	成立
H17 社会监督—犯罪惩罚概率	0.155	0.041	3.743	0.000	显著	成立
H18 社会监督—机构及其业务规范性	0.105	0.044	2.405	0.016	显著	成立

由表 5-22 的结果可以看到，其中，除了原假设 H4"犯罪惩罚及时性—综合治理效果"不显著之外，其余假设包含的影响因素之间的路径系数均在不同的显著性水平上达到了显著性要求（P<0.05）。因此，原有的 18 个假设删除 H4 之后共有 17 个假设成立。

5.4.3 各影响因素之间的直接和间接影响效应分析

在运用结构模型对研究假设与影响因素模型进行分析的基础上，本节继续对各影响因素的直接和间接效应进行分析，探索影响因素之间作用的量化特征。

经过结构模型分析影响因素的影响路径与假设检验，专家评价中 H6 犯罪惩罚概率影响综合治理效果的原假设，最终形成新的影响因素模型如图 5-2 所示。模型的路径系数标注于各影响因素之间的影响路径上。同理，删除公众评价中 H4 犯罪惩罚及时性影响综合治理效果的原假设，最终形成新影响因素的模型如图 5-3 所示。

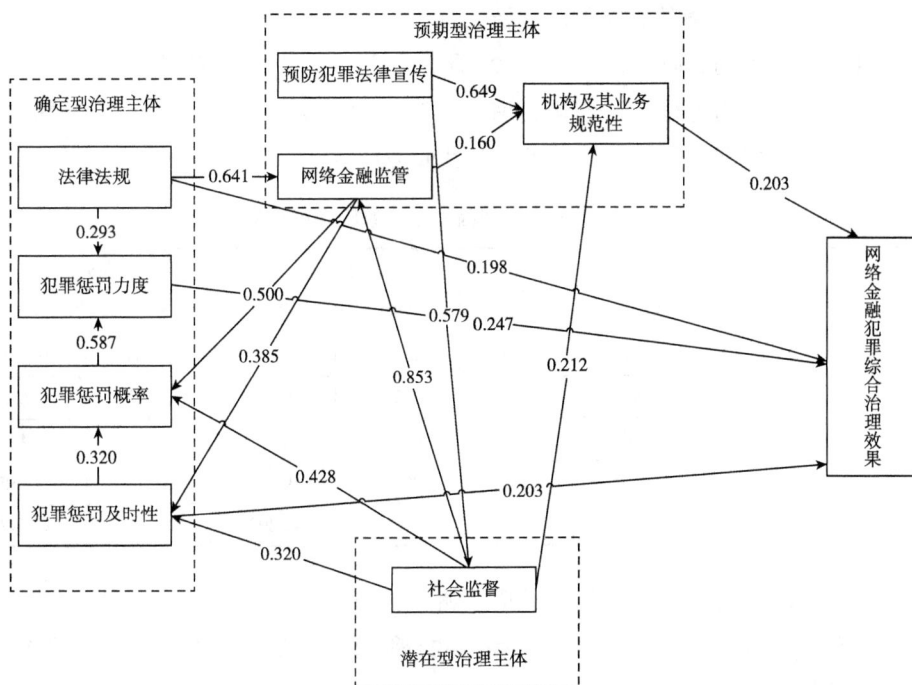

图5-2 修正后的专家评价网络金融犯罪综合治理效果概念模型

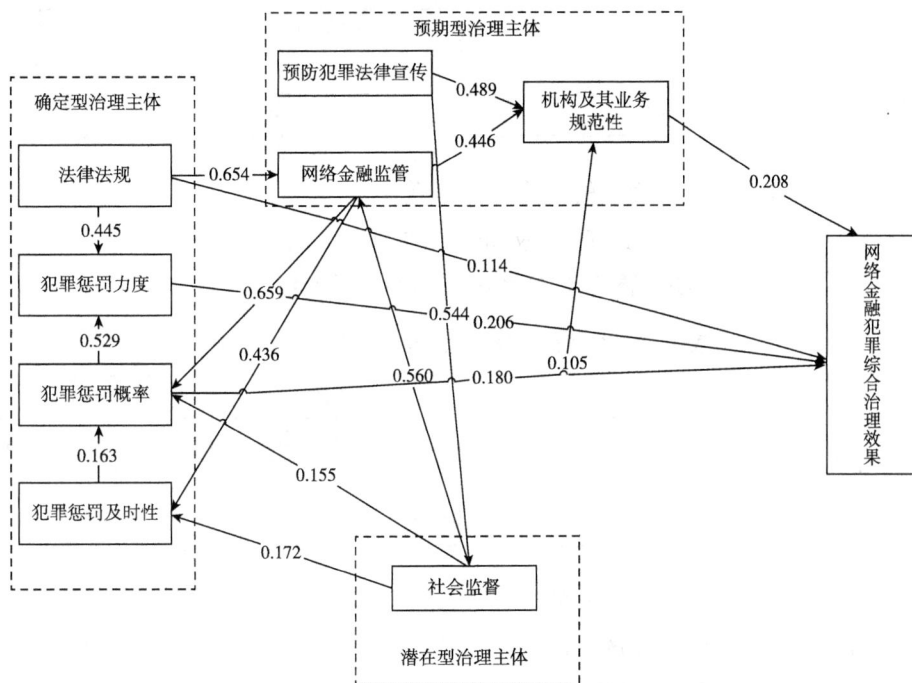

图5-3 修正后的公众评价网络金融犯罪综合治理效果概念模型

（1）法律法规因素的影响效应分析

法律法规因素的影响效应如表5-23所示。其中，法律法规因素直接影响网络金融监管与犯罪惩罚力度两个影响因素，并通过其他因素间接影响犯罪惩罚概率、犯罪惩罚力度、犯罪惩罚及时性与机构及其业务规范性。

表5-23 法律法规因素影响效应计算结果

因素	直接效应		间接效应		总效应	
	专家	公众	专家	公众	专家	公众
网络金融监管	0.641	0.654	0	0	0.641	0.654
犯罪惩罚力度	0.293	0.445	0.234	0.228	0.527	0.673
犯罪惩罚概率	0	0	0.399	0.477	0.399	0.477
犯罪惩罚及时性	0	0	0.247	0.285	0.247	0.285
机构及其业务规范性	0	0	0.103	0.292	0.103	0.292

（2）犯罪惩罚概率因素的影响效应分析

犯罪惩罚概率因素的影响效应如表5-24所示。犯罪惩罚概率因素直接影响犯罪惩罚力度因素。

表5-24 犯罪惩罚概率因素影响效应计算结果

因素	直接效应		间接效应		总效应	
	专家	公众	专家	公众	专家	公众
犯罪惩罚力度	0.587	0.529	0	0	0.587	0.529

（3）犯罪惩罚及时性因素的影响效应分析

犯罪惩罚及时性因素的影响效应如表5-25所示。犯罪惩罚及时性因素直接影响犯罪惩罚概率，并通过犯罪惩罚概率因素影响犯罪惩罚力度。

表5-25 犯罪惩罚及时性因素影响效应计算结果

因素	直接效应		间接效应		总效应	
	专家	公众	专家	公众	专家	公众
犯罪惩罚概率	0.320	0.163	0	0	0.320	0.163
犯罪惩罚力度	0	0	0.188	0.086	0.188	0.086

（4）预防犯罪法律宣传因素的影响效应分析

预防犯罪法律宣传因素的影响效应如表5-26所示。其中，预防犯罪法律宣传因素直接影响机构及其业务规范性与社会监督两项因素，又通过其他因素间接影响机构及其业务规范性、网络金融监管、犯罪惩罚概率、犯罪惩罚及时性与犯罪惩罚力度等因素。

表 5-26 预防犯罪法律宣传因素影响效应计算结果

因素	直接效应		间接效应		总效应	
	专家	公众	专家	公众	专家	公众
机构及其业务规范性	0.649	0.489	0.202	0.193	0.851	0.682
社会监督	0.579	0.544	0	0	0.579	0.544
网络金融监管	0	0	0.494	0.305	0.494	0.305
犯罪惩罚概率	0	0	0.489	0.322	0.489	0.322
犯罪惩罚及时性	0	0	0.375	0.227	0.375	0.227
犯罪惩罚力度	0	0	0.287	0.170	0.287	0.170

（5）网络金融监管因素的影响效应分析

网络金融监管因素的影响效应如表 5-27 所示。其中，网络金融监管因素直接影响犯罪惩罚概率、犯罪惩罚及时性与机构及其业务规范性三项因素，又通过其他因素间接影响犯罪惩罚概率与犯罪惩罚力度等因素。

表 5-27 网络金融监管因素影响效应计算结果

因素	直接效应		间接效应		总效应	
	专家	公众	专家	公众	专家	公众
犯罪惩罚概率	0.500	0.659	0.123	0.071	0.623	0.730
犯罪惩罚及时性	0.385	0.436	0	0	0.385	0.436
机构及其业务规范性	0.160	0.446	0	0	0.160	0.446
犯罪惩罚力度	0	0	0.366	0.386	0.366	0.386

（6）社会监督因素的影响效应分析

社会监督因素的影响效应如表 5-28 所示。社会监督因素直接影响网络金融监管、犯罪惩罚概率、犯罪惩罚及时性与机构及其业务规范性等因素，并且通过其他因素间接影响犯罪惩罚概率、犯罪惩罚及时性、机构及其业务规范性与犯罪惩罚力度。

表 5-28 社会监督因素影响效应计算结果

因素	直接效应		间接效应		总效应	
	专家	公众	专家	公众	专家	公众
网络金融监管	0.853	0.560	0	0	0.853	0.560
犯罪惩罚及时性	0.320	0.172	0.328	0.244	0.648	0.416

续表

因素	直接效应		间接效应		总效应	
	专家	公众	专家	公众	专家	公众
犯罪惩罚概率	0.428	0.155	0.634	0.437	1.062	0.592
机构及其业务	0.212	0.105	0.136	0.250	0.317	0.355
犯罪惩罚力度	0	0	0.623	0.313	0.623	0.313

5.4.4 各影响因素对网络金融犯罪综合治理效果的直接和间接效应分析

各影响因素对网络金融犯罪综合治理效果的影响效应分析结果如表 5-29 所示。

表 5-29 各影响因素对网络金融犯罪综合治理效果的影响效应

因素	直接效应		间接效应		总效应	
	专家	公众	专家	公众	专家	公众
法律法规	0.198	0.114	0.151	0.291	0.349	0.405
预防犯罪法律宣传	0	0	0.299	0.217	0.299	0.217
网络金融监管	0	0	0.200	0.304	0.200	0.304
犯罪惩罚概率	0	0.180	0.145	0.109	0.145	0.289
犯罪惩罚及时性	0.203	0	0.046	0.047	0.249	0.047
犯罪惩罚力度	0.247	0.206	0	0	0.247	0.206
机构及其业务规范性	0.203	0.208	0	0	0.203	0.208
社会监督	0	0	0.291	0.217	0.291	0.217

（1）影响路径分析

由表 5-29 可知，在专家评价中，网络金融犯罪综合治理效果受到确定型治理主体、预期型治理主体与潜在型治理主体三个层面的影响因素的共同影响。其中，在专家评价中，网络金融犯罪综合治理效果受到法律法规、犯罪惩罚及时性、犯罪惩罚力度与机构及其业务规范性 4 个因素的直接影响，而剩下的预防犯罪法律宣传、网络金融监管、犯罪惩罚概率与社会监督通过其他因素间接影响网络金融犯罪综合治理效果。

而在公众评价中，网络金融犯罪综合治理效果受到确定型治理主体、预期型治理主体与潜在型治理主体三个层面的影响因素的共同影响。但是，与专家评价不一致的地方在于，在公众评价中，网络金融犯罪综合治理效果受到法律法规、犯罪惩罚概率、犯罪惩罚力度与机构及其业务规范性 4 个因素的直接影响，而剩下的预防犯罪法律宣传、网络金融监管、犯罪惩罚及时性与社会监督则通过其他因素间接影响网络金融犯罪综合治理效果。

（2）影响效应分析

在专家评价中，法律法规、预防犯罪法律宣传与社会监督对网络金融犯罪综合治理效果的影响最大，其影响效应在所有影响因素中的数值排列前三。而在公众评价中，网络金融犯罪综合治理效果则受到法律法规、网络金融监管与犯罪惩罚概率的影响最大，其影响效应在所有影响因素中的数值排列前三。

（3）专家评价与公众评价的对比分析

通过分别分析专家评价与公众评价的结果，可以发现不同评价主体下，影响因素对网络金融犯罪综合治理效果的影响路径与影响效应存在不同。专家评价认为，我国网络金融犯罪综合治理实施应当注重健全网络金融相关法律法规，实施全面、有效的预防犯罪法律宣传以提升社会公众对于网络金融法律的熟知与对网络金融犯罪的鉴别，壮大除政府监管、行业自律之外的第三方社会监督力量。而公众评价则认为，在实施网络金融犯罪综合治理时，应当注重健全我国网络金融相关法律法规，对网络金融市场实施有效监管以及增加对于网络金融犯罪的惩罚概率，使存于社会中的网络金融犯罪行为都能受到法律的制裁。从专家评价与公众评价的对比可以看出，专家评价中影响网络金融犯罪综合治理效果的因素，无论是预防犯罪法律宣传还是社会监督，都是基于一种从长效，宏观的角度，对网络金融犯罪综合治理的效果进行解构，表现为更注重治理能力的现代化与治理体系的构建。而公众评价更多依赖于自身的直观感受，无论是政府加大网络金融市场的监管力度，还是政法部门提升网络金融犯罪的惩罚概率，都是可以在短期内直接影响公众感知的措施，体现了公众评价对于结果导向的重视。

6 网络金融犯罪综合治理效果评价

目前，国内外均缺乏对网络金融犯罪综合治理效果评价的研究，本章通过构建网络金融犯罪综合治理效果评价指标体系，从网络金融犯罪综合治理源头（制度建设）、网络金融犯罪综合治理过程（过程推进）以及网络金融犯罪综合治理结果（目标实现）对网络金融犯罪综合治理效果进行全周期综合评价，评价指标的选取基于网络金融犯罪综合治理效果影响机理与影响因素的理论分析，以及网络金融犯罪综合治理效果研究假设实证检验的结果分析基础上，构建我国网络金融犯罪综合治理效果评价指标体系，为科学、有效评价我国网络金融犯罪综合治理效果提供理论依据与测量工具。

6.1 评价指标选取与指标体系构建

6.1.1 指标体系设计的原则

指标体系设计的初衷在于衡量预期行动所达成的标准、指数、规模等，是一种衡量目标的方法。一套有效的指标体系设计，通常需要明确指标的选择、指标的界定与指标的权重计算。因此，基于系统科学论的视角建立指标选择的原则，将其融入指标筛选的过程，能够最大限度地提高指标体系的科学性和可靠性。因此，在设计评价指标时，需要遵循以下原则：

（1）全面性原则，是指在进行评价时，选择的全部指标应当能够尽可能全面反映所评价对象的各个方面，全面涵盖需要评价对象的信息。

（2）代表性原则，是指选择的单个指标能够反映出所评价对象某一部分的单独信息，所选指标在评价被评价对象这一部分特征时具有代表性。全面性原则与代表性原则是分别从整体与局部进行指标体系设计的两个维度。

（3）独立性原则，是指所有评价指标内涵清晰，界定明确，各个指标之间不存在重复。

（4）可测性原则，是指选择的评价指标在数据来源上易于获取。所有评价指标数据规范，统计口径一致，易于收集。

（5）定性与定量相结合原则，是指评价指标的选择应当首先选择能够易于获取数据的定量指标。但在实践中，评价所需要的指标并非都能进行相应的量化处理。因此，指标选择应当采取定量与定性指标相结合的形式，保证整体评价结果具有全面性与科学性。

6.1.2 指标体系的层次结构

在设计网络金融犯罪综合治理效果的评价指标体系时，充分参考前述章节中各影响因素对网络金融犯罪综合治理效果的影响路径与影响效应，进一步将网络金融犯罪综合治理的"效果"进行分解，以便后续对效果达到的程度进行分层次的评价。在评价指标体系的具体构建中，选择的各指标应当考虑到评价体系存在的内部层次结构与相互关系，处于上层的指标对处于下层的指标具有一种事实上的逻辑包含关系。基于此考虑，本书将网络金融犯罪综合治理效果评价指标体系的层级划分为"目标层"（最顶层）、"准则层"（中间层）与"方案层"（最底层）共三层结构。该划分的结果包含这样一种逻辑关系，即处于目标层的指标对处于准则层指标具有包含关系，是其逻辑上划分的一种延续，体现了指标体系的全面性。而处于准则层指标对处于方案层指标具有包含关系，是将准则层的指标进行进一步划分的逻辑延续。处于方案层的指标则体现了所有指标的全面性与独立性，处于每个准则层下的指标既能全面涵盖上一层指标，又存在互不重复的关系。虽然处于方案层的每个指标对于实现总体目标的权重不同，但是其在结构与功能上是实现整体指标体系全面、客观、公正的基础。

6.1.3 评价指标选取依据

通过前述章节的研究，识别出网络金融犯罪综合治理的多元治理主体并对其进行了层级划分。在此基础上，通过理论分析得到网络金融犯罪综合治理效果的影响机理与影响因素，提出研究假设。随后，通过实证检验验证了研究假设，证实了在不同评价主体下，这些影响因素都会对网络金融犯罪综合治理效果产生直接或间接的影响。并且通过实证检验，得出在专家评价中，法律法规、预防犯罪法律宣传与社会监督对网络金融犯罪综合治理效果的影响最大；而在公众评价中，网络金融犯罪综合治理效果则受到法律法规、网络金融监管与犯罪惩罚概率的影响最大。这些理论分析与实证结果都将作为构建网络金融犯罪综合治理效果评价指标体系的依据。

6.2 网络金融犯罪综合治理效果评价指标选择

6.2.1 网络金融犯罪综合治理效果影响因素与评价指标

根据前面的研究结果，网络金融犯罪综合治理效果影响因素共有8个，它们分别是网络金融法律法规、犯罪惩罚概率、犯罪惩罚力度、犯罪惩罚及时性、预防犯罪法律宣传、网络金融监管、机构及其业务规范性与社会监督。这些因素都会对网络金融犯罪综合治理效果产生直接或间接的影响。其中，有些影响因素并不能直接采用作为评价指标评价网络金融犯罪综合治理效果，必须对其进行进一步的分析以找出可以进行替代并直接使用的评价指标；有些影响因素包含的内容则可以直接用来作为评价网络金融犯罪综合治理效果的评价指标。

在对专家评价与公众评价进行问卷发放与回收之后，依照选择的相应影响因素与观测项目，构建了我国网络金融犯罪综合治理效果评价指标体系。

（1）法律法规

法律法规作为网络金融犯罪综合治理重要的法律保障，对网络金融犯罪综合治理效果具有重要的影响。根据我国网络金融犯罪综合治理的相关实践，拟设立法律保障作为直接衡量网络金融犯罪综合治理过程中相关法律法规健全程度的指标。

（2）犯罪惩罚概率

犯罪惩罚概率是影响网络金融犯罪综合治理效果中有关打击犯罪效果的重要影响因素。司法机关中的公安机关作为刑事司法中的重要组成部门，对于已产生的网络金融犯罪案件行使立案与侦查权，检察机关对公安机关立案与侦查的刑事案件行使检察权，审判机关对经检察机关提出批捕与起诉的犯罪人员行使审判权。犯罪惩罚概率是衡量网络金融犯罪分子接受司法惩罚可能性的指标，可以设立案件侦办、打击犯罪与制度保障作为评价指标。

（3）犯罪惩罚力度

相较于犯罪惩罚概率作为衡量犯罪分子受到惩罚的可能性，犯罪惩罚力度则是对犯罪分子受到惩罚程度的刻画，是网络金融犯罪综合治理效果中打击犯罪的重要影响因素。其可以作为打击犯罪评价指标。

（4）犯罪惩罚及时性

犯罪惩罚及时性是衡量犯罪分子是否被及时发现、及时惩处的重要指标。可以设立预警处置与制度保障评价指标。

（5）预防犯罪法律宣传

预防犯罪法律宣传是网络金融犯罪综合治理效果的重要影响因素。预防犯罪法律宣传一方面通过宣传网络金融相关法律法规，促进社会公众知法懂法；另一方面通过宣传相应犯罪的刑罚处罚，以对潜在犯罪分子产生威慑从而达到减少犯罪的目的。因此，可以设立法律宣传评价指标。

（6）网络金融监管

网络金融监管能够直接左右网络金融机构的行为选择，是影响网络金融犯罪综合治理效果的重要影响因素。行政机关通过采取对网络金融机构业务进行相应的监管以达到规范整体行业，减少违规违法事件发生的目标。对产生违法行为的网络金融机构，政府相关监管部门应作出及时处罚，并对其中涉嫌犯罪的案件及时移交至司法机关。可以设立业务监管评价指标。

（7）机构及其业务规范性

网络金融机构合法合规开展网络金融相关业务，积极承担对网络金融消费者的相关教育与保护工作，是影响网络金融犯罪综合治理效果的重要影响因素。可以设立业务监管作为评价指标。

（8）社会监督

社会监督作为独立于政府监管、行业自律管理的第三方监督力量，是完善网络金融监管体系的重要举措与有益补充。可以设立预警处置与制度保障评价指标。

（9）综合治理效果

网络金融犯罪综合治理效果包括打击犯罪效果、预防犯罪效果，对其依次设立相关指标。

6.2.2 网络金融犯罪综合治理效果评价指标确定

通过分析网络金融犯罪综合治理效果的影响因素，确定网络金融犯罪综合治理效果评价指标，并依照全面性、代表性、独立性等相关原则，设计网络金融犯罪综合治理效果评价的三级指标体系。

（1）制度建设指标。主要设立以下两个二级指标（见表6-1）。

1）法律保障。以衡量网络金融相关法律法规完善性为主，依次设立法规政策完备性、法规政策修订及时性、法规政策科学性、立法立规公众参与和法规政策公平性等三级指标。

2）制度保障。以网络金融犯罪综合治理中各治理主体参与综合治理需要建立的制度为切入点，依次设立涉案财物处置机制合理性、重大案件公安与检法协调会商机制有效性、公安机关与行业机构快速查询与冻结机制有效性以及涉稳事件应急处置机制有效性等三级指标。

表 6-1 制度建设指标体系

一级指标	二级指标	三级指标（专家）	三级指标（公众）
制度建设	法律保障	法规政策完备性	立法立规公众参与
		法规政策修订及时性	法规政策公平性
		法规政策科学性	
	制度保障	涉案财物处置机制合理性	
		重大案件公安与检法协调会商机制有效性	
		公安机关与行业机构快速查询与冻结机制有效性	
		涉稳事件应急处置机制有效性	

（2）过程推进指标。主要设立以下五个二级指标（见表6-2）。

1）法律宣传。预防网络金融犯罪需要及时宣传网络金融相关法律法规。设立法律宣传有效性、针对特殊人群的宣传保障、宣传形式易接受性、宣传内容实用性以及宣传获取便捷性等三级指标。

2）业务监管。政府相关监管部门对网络金融机构及其业务负有监督管理责任，设立行政审批规范性、行政检查按时履行、非刑事案件及时实施行政强制措施、行政处罚案件及时查处、行政处罚案件涉嫌犯罪及时行政移交、机构充分进行产品信息说明与相关信息披露、机构风险揭示形式与标准易于公众接受、机构业务收益宣传规范性与机构履行安全教育实用性等三级指标。

3）案件侦办。以公安机关为代表的司法机关，在接到相关犯罪线索举报时，需要采取综合手段积极进行案件的侦破。除此之外，还需要构建相关社会举报渠道，积极回应社会监督与举报，针对处于萌芽阶段的网络金融犯罪行为，采取打早打小，露头就打的工作态势，积极将网络金融犯罪综合治理工作由被动防御向积极预警进行靠拢。设立案件质量、举报渠道与平台建设、举报渠道畅通性、对核实的举报予以奖励、警情反应速度与案件侦破速度等三级指标。

4）预警处置。公安机关既负有侦破刑事案件的职能，又肩负对网络金融犯罪案件预警处置与维稳的行政职能。以公安机关为主的政府行政单位，在开展网络金融犯罪综合治理过程中，需要积极开展网络金融犯罪预警防控工作，设立重点领域持续监测、网络舆情有效监督、预警信息接收及时性与涉案财物得到及时保护等三级指标。

表 6-2 过程推进的指标体系

一级指标	二级指标	三级指标（专家）	三级指标（公众）
过程推进	法律宣传	法律宣传有效性	宣传形式易接受性
		针对特殊人群的宣传保障	宣传内容实用性
			宣传获取便捷性
	业务监管	行政审批规范性	机构充分进行产品信息说明与相关信息披露
		行政检查按时履行	机构风险揭示形式与标准易于公众接受
		非刑事案件及时实施行政强制措施	机构业务收益宣传规范性
		行政处罚案件及时查处	机构履行安全教育实用性
		行政处罚案件涉嫌犯罪及时行政移交	
	案件侦办	案件质量	举报渠道畅通性
		举报渠道与平台建设	对核实的举报予以奖励
			警情反应速度
			案件侦破速度
	预警处置	重点领域持续监测	预警信息接收及时性
		网络舆情有效监督	涉案财物得到及时保护

（3）目标实现指标。主要设立以下 3 个二级指标（见表 6-3）。

1）打击犯罪。主要评价网络金融犯罪综合治理效果中的打击犯罪效果，设立案件依法判决、案件追赃挽损、审判公正性与判决得到及时执行等三级指标。

2）预防犯罪。主要评价网络金融犯罪综合治理效果中的预防犯罪效果，设立案件下降幅度、机构业务规范性、公众守法意识与公众防范能力等三级指标。

表 6-3 目标实现的指标体系

一级指标	二级指标	三级指标（专家）	三级指标（公众）
目标实现	打击犯罪	案件依法判决	审判公正性
		案件追赃挽损	判决得到及时执行
	预防犯罪	案件下降幅度	公众守法意识
		机构业务规范性	公众防范能力

最终，我国网络金融犯罪综合治理效果评价指标体系如表 6-4 所示。

表 6-4 我国网络金融犯罪综合治理效果评价指标体系

一级指标	二级指标	三级指标（专家）	三级指标（公众）
制度建设	法律保障	法规政策完备性 a1	立法立规公众参与 a1
		法规政策修订及时性 a2	法规政策公平性 a2
		法规政策科学性 a3	
	制度保障	涉案财物处置机制合理性 a4	
		重大案件公安与检法协调会商机制有效性 a5	
		公安机关与行业机构快速查询与冻结机制有效性 a6	
		涉稳事件应急处置机制有效性 a7	
过程推进	法律宣传	法律宣传有效性 a8	宣传形式易接受性 a3
		针对特殊人群的宣传保障 a9	宣传内容实用性 a4
			宣传获取便捷性 a5
	业务监管	行政审批规范性 a10	机构充分进行产品信息说明与相关信息披露 a6
		行政检查按时履行 a11	机构风险揭示形式与标准易于公众接受 a7
		非刑事案件及时实施行政强制措施 a12	机构业务收益宣传规范性 a8
		行政处罚案件及时查处 a13	机构履行安全教育实用性 a9
		行政处罚案件涉嫌犯罪及时行政移交 a14	
	案件侦办	案件质量 a15	举报渠道畅通性 a10
		举报渠道与平台建设 a16	对核实的举报予以奖励 a11
			警情反应速度 a12
			案件侦破速度 a13
	预警处置	重点领域持续监测 a17	预警信息接收及时性 a14
		网络舆情有效监督 a18	涉案财物得到及时保护 a15
目标实现	打击犯罪	案件依法判决 a19	审判公正性 a16
		案件追赃挽损 a20	判决得到及时执行 a17
	预防犯罪	案件下降幅度 a21	公众守法意识 a18
		机构业务规范性 a22	公众防范能力 a19

6.3 网络金融犯罪综合治理效果评价指标权重计算

6.3.1 指标权重确定的方法

指标权重确定的方法按照指标原始数据的来源可以大致分为主观赋权与客观赋权两种方法。其中，主观赋权法是指指标的具体权重大小通常由评价者根据自身经验作出评判，其优点在于主观赋权法较为成熟且操作简便，缺点在于评价者对于指标权重的设计过于主观，缺乏严谨性。主观赋权法主要有层次分析法、德尔菲法等具体方法。

客观赋权法相较于主观赋权法中评价者自身对指标权重具有的重要影响，是一种基于客观环境，具体权重大小完全基于各个独立指标本身所能代表的信息数据量与具体的评价目标。其优点在于，客观评价法完全摒弃评价者自身的背景，具有较高的精度与科学性，缺点在于其评价结果往往不能有效反映实际情况。客观赋权法主要包括主成分分析、组合赋权法等。

我国网络金融犯罪综合治理效果评价指标体系及相关评价指标由于自身的特殊性，以及与实践结合较为紧密的特点，因此决定利用专家咨询法综合确定我国网络金融犯罪综合治理效果评价指标体系中的各级指标权重。具体权重确定思路是对所选网络金融犯罪综合治理相关领域专家进行问卷发放，专家凭借自身专业与对我国网络金融犯罪综合治理的理解，对我国网络金融犯罪综合治理效果评价指标体系中的各级指标的重要性采用李克特五量级进行打分。在收集所有打分结果后，依次计算各级指标的最终权重。我国网络金融犯罪综合治理效果评价指标体系权重分配咨询调查问卷见附录 E。

6.3.2 评价指标权重确定步骤

（1）一级指标权重确定

对所有回收的专家咨询问卷结果进行统计，得出专家评价与公众评价一级指标。制度建设、过程推进与目标实现重要性得分平均分情况依次为 1.05、4.85、2.65、2.10、2.90 与 3.00。对指标体系的一级指标赋权，可得各指标权重分配如表 6-5 所示。

表 6-5 我国网络金融犯罪综合治理效果评价指标一级指标权重

一级指标	专家评价得分	权重	公众评价得分	权重
制度建设	1.05	12%	2.10	26%
过程推进	4.85	57%	2.90	36%
目标实现	26.5	31%	3.00	38%

（2）二级指标权重确定

在得到一级指标权重之后，对所有回收的专家咨询问卷结果进行统计，专家评价与公众评价二级指标得分与权重分配结果如表 6-6 所示。

表 6-6 我国网络金融犯罪综合治理效果评价指标二级指标权重

一级指标	二级指标	专家评价得分	权重	公众评价得分	权重
制度建设	法律保障	2.20	49%	2.55	100%
	制度保障	2.25	51%	0	0
过程推进	法律宣传	1.05	12%	1.20	11%
	业务监管	2.90	32%	2.90	27%
	案件侦办	2.95	33%	3.90	35%
	预警处置	2.10	23%	2.95	27%
目标实现	打击犯罪	2.75	50%	2.75	50%
	预防犯罪	2.80	50%	2.80	50%

（3）三级指标权重确定

在得到一级指标与二级指标权重之后，对所有回收的专家咨询问卷结果进行统计，专家评价与公众评价三级指标得分与权重分配结果如表 6-7 所示。

表 6-7 我国网络金融犯罪综合治理效果评价指标三级指标权重

三级指标	专家评价得分	权重	公众评价得分	权重	三级指标	专家评价得分	权重	公众评价得分	权重
a1	3.10	42%	1.75	36%	a12	2.20	20%	2.20	24%
a2	2.45	33%	3.15	64%	a13	2.75	25%	3.30	35%
a3	1.85	25%	2.10	23%	a14	3.95	37%	3.00	63%
a4	2.10	20%	3.90	44%	a15	2.95	56%	1.75	37%
a5	2.30	22%	2.90	33%	a16	2.35	44%	2.05	41%
a6	2.95	29%	1.55	17%	a17	2.40	42%	2.90	59%
a7	3.00	29%	1.60	17%	a18	3.30	58%	2.35	46%
a8	1.85	40%	3.65	40%	a19	2.75	47%	2.75	54%

三级指标	专家评价得分	权重	公众评价得分	权重	三级指标	专家评价得分	权重	公众评价得分	权重
a9	2.80	60%	2.40	26%	a20	3.05	53%	—	—
a10	1.10	9%	1.05	11%	a21	2.95	55%	—	—
a11	1.10	9%	2.80	30%	a22	2.40	45%	—	—

6.4 网络金融犯罪综合治理效果评价指标体系实证检验

6.4.1 模糊综合评价法

本节利用模糊综合评价法对我国网络金融犯罪综合治理效果进行实际评价，检验设计的评价指标体系的可靠性。模糊综合评价法对受多个因素影响的事物进行评价具有一定优势。模糊综合评价方法利用隶属度理论将对事物的定性评价转变为定量评价，具有结果清晰、操作简便等多种优势。模糊综合评价方法的具体步骤如下：

（1）建立模糊集

令评价指标设计因素集合 $U = \{U_1, U_2, \Lambda, U_i, \Lambda, U_n\}$，其中，$i = 1, 2, \Lambda, n$，$n$ 为该评价指标体系中 1 级指标 U_i 的个数 $U_i = \{u_{i1}, u_{i2}, \Lambda, u_{ij}, \Lambda, u_{im}\}$，$j = 1, 2, \Lambda, m$，其中，$m$ 为指标体系中 2 级指标 U_{ij} 的个数；$U_{ij} = \{b_{ij1}, b_{ij2}, \Lambda, b_{ijl}, \Lambda, b_{ijg}\}$，$l = 1, 2, \Lambda, g$，其中 g 为指标体系中三级指标的个数。

（2）单因素评价，得到评判矩阵 R_{ij}

在已知各因素对各个测度等级的隶属度之后，建立从集合 U 到 V 的一个模糊映射，$f: U \rightarrow V$，并求 u_{ij} 的评判矩阵 R_{ij}。

$$R_{ij} = (r_{ijlk})_{g \times d} = \begin{bmatrix} r_{ij11} & r_{ij12} & K & r_{ij1d} \\ r_{ij21} & r_{ij22} & K & r_{ij2d} \\ \Lambda & & O & K \\ r_{ij g1} & r_{ij g2} & K & r_{ij gd} \end{bmatrix} \qquad (6-1)$$

式中，r_{ijlk} 为指标 b_{ijl} 对 k 级评语 V_k 的隶属度，可以根据模糊子集查到。模糊子集如表 6-8 所示。

表 6-8　模糊子集

指标的测度评语	等级						
	1	2	3	4	5	6	7
很低	0.67	0.33	0	0	0	0	0
低	0.25	0.50	0.25	0	0	0	0
较低	0	0.25	0.50	0.25	0	0	0
一般	0	0	0.25	0.50	0.25	0	0
较高	0	0	0	0.25	0.50	0.25	0
高	0	0	0	0	0.25	0.50	0.25
很高	0	0	0	0	0	0.33	0.67

（3）二级指标隶属度

对三级指标 b_{ijl} 的评判矩阵进行模糊运算，得到二级指标 u_{ij} 对评语集 V_k 的隶属度。

$$C_{ij} = W_{ij} \times R_{ij} = (c_{ij1}, c_{ij2}, \Lambda, c_{ijd}) \tag{6-2}$$

式中，W_{ij} 为三级指标权重矩阵，$W_{ij} = [w_{ij1}, w_{ij2}, \Lambda, w_{ijg}]$，$C_{ijk}$ 表示二级指标对评语集 V_k 隶属度。

（4）一级指标隶属度

$$H_i = W_i \times R_i = (h_{i1}, h_{i2}, \Lambda, h_{id}) \tag{6-3}$$

式中，W_i 为二级指标权重矩阵，$W_i = [w_{i1}, w_{i2}, \Lambda, w_{im}]$，$h_{ij}$ 表示一级指标对评语集 V_k 隶属度。

（5）指标间的隶属度向量

通过一级指标间的隶属向量组成的模糊综合评价矩阵，得到总体评价的隶属度向量，以最大隶属度原则判断评价结果。

$$Y = W \times H_i = [w_1, w_2, \Lambda, w_n] [H_1^T, H_2^T, \Lambda, H_n^T]^T \tag{6-4}$$

6.4.2　网络金融犯罪综合治理效果评价实例

为了验证本指标体系的可行性，本节利用模糊综合评价法，以 SX 省 A 市为对象，对其网络金融犯罪综合治理效果进行实际测度，以检验本指标体系的可行性。其各指标具体取值如表 6-9 所示。

表6-9 A市网络金融犯罪综合治理效果指标取值

评估指标	指标权重		评估指标	指标权重		评估指标	指标权重	
	专家	公众		专家	公众		专家	公众
a1	较高	较低	a9	一般	较低	a17	较高	较高
a2	一般	一般	a10	一般	较高	a18	一般	较高
a3	一般	一般	a11	较低	高	a19	一般	一般
a4	较低	较高	a12	较高	一般	a20	较高	—
a5	一般	较高	a13	一般	一般	a21	较高	—
a6	较高	较低	a14	低	较低	a22	一般	—
a7	较高	一般	a15	高	一般			
a8	较高	一般	a16	较高	一般			

利用式（6-2）计算专家评价二级指标的模糊评价矩阵，结果如表6-10所示。

表6-10 专家评价二级指标模糊矩阵

二级指标	等级						
	1	2	3	4	5	6	7
法律保障	0.0000	0.0000	0.1457	0.3958	0.3543	0.1042	0.0000
制度保障	0.0000	0.0500	0.1555	0.3055	0.3445	0.1445	0.0000
法律宣传	0.0000	0.0000	0.1494	0.3994	0.3506	0.1006	0.0000
业务监管	0.0938	0.2102	0.2233	0.2404	0.1830	0.0494	0.0000
案件侦办	0.0000	0.0000	0.0000	0.1102	0.3602	0.3898	0.1398
预警处置	0.0000	0.0000	0.1449	0.3949	0.3551	0.1051	0.0000
打击犯罪	0.0000	0.0000	0.1171	0.3671	0.3829	0.1329	0.0000
预防犯罪	0.0000	0.0000	0.1121	0.3621	0.3879	0.1379	0.0000

继续利用式（6-3）计算求得一级指标模糊评价矩阵，计算结果如表6-11所示。

表6-11 专家评价一级指标模糊矩阵

一级指标	等级						
	1	2	3	4	5	6	7
制度建设	0.0000	0.0250	0.1506	0.3507	0.3494	0.1243	0.0000
过程推进	0.0300	0.0673	0.1225	0.2517	0.3012	0.1810	0.0463
目标实现	0.0000	0.0000	0.1146	0.3646	0.3854	0.1354	0.0000

根据以上一级指标模糊评价结果，最终得到A市网络金融犯罪综合治理效果专

家评价的综合评价结果：

$Y = W \times H = [0.0174, 0.0419, 0.1231, 0.2975, 0.3325, 0.1607, 0.0269]$

对于评价结果进行定量化处理。首先对于评价的结果进行七级分类量化，其分类量化公式为 $F(I) = \mathrm{Ln}(\max\{I\} + 2 - I)/\mathrm{Ln}(\max\{I\} + 1)$，其中，$I$ 为排序序号，$F(I)$ 为改序号下的对应值。当 $\max\{I\} = 7$，其量化表如表6-12所示。

表6-12　七级评价量化表

评价等级	很高	高	较高	一般	较低	低	很低
分数	100	94	86	77	67	53	33

根据表6-12的具体评价对应的相关分值，计算A市综合治理效果专家评价的分值：

$Y_A = 100 \times 0.0269 + 94 \times 0.1607 + 86 \times 0.3325 + 77 \times 0.2975 + 67 \times 0.1231 + 53 \times 0.0419 + 33 \times 0.0174 = 80.34$

根据计算得到的数值，对照表6-12可知A市网络金融犯罪综合治理效果专家评价为一般。

针对A市综合治理效果，继续利用式（6-2）、式（6-3）分别计算求得公众评价二级指标与一级指标模糊评价矩阵，结果如表6-13所示。

表6-13　公众评价一级与二级指标模糊矩阵

二级指标	等级						
	1	2	3	4	5	6	7
法律保障	0.0000	0.0893	0.3393	0.4107	0.1607	0.0000	0.0000
法律宣传	0.0000	0.0000	0.0577	0.3077	0.4423	0.1923	0.0000
业务监管	0.0000	0.1073	0.3573	0.3927	0.1427	0.0000	0.0000
案件侦办	0.0000	0.0000	0.1471	0.3227	0.2787	0.1773	0.0743
预警处置	0.0000	0.1580	0.4080	0.3420	0.0920	0.0000	0.0000
打击犯罪	0.0000	0.0000	0.1031	0.3531	0.3969	0.1469	0.0000
预防犯罪	0.0000	0.1154	0.3654	0.3846	0.1346	0.0000	0.0000
制度建设	0.0000	0.0893	0.3393	0.4107	0.1607	0.0000	0.0000
过程推进	0.0000	0.0718	0.2662	0.3480	0.2093	0.0802	0.0246
目标实现	0.0000	0.0577	0.2343	0.3689	0.2657	0.0735	0.0000

由此得到A市网络金融犯罪综合治理效果公众评价综合评价结果：

$Y' = W \times H = [0, 0.0710, 0.2732, 0.3725, 0.2181, 0.0565, 0.0087]$

$Y'_A = 100 \times 0.0087 + 94 \times 0.0565 + 86 \times 0.2181 + 77 \times 0.3725 + 67 \times 0.2732 + 53 \times 0.0710 +$

$33×0 = 75.69$

根据计算得到的数值，对照表 6-12 可知，A 市网络金融犯罪综合治理效果公众评价为一般。

6.4.3 评价结果分析

SX 省 A 市网络金融犯罪综合治理效果评价的结果显示，专家评价与公众评价均为一般，这与本书走访当地相关部门取得的结果一致，说明本书构建的我国网络金融犯罪综合治理效果评价指标体系在现实应用中具备较强的实用性与可靠性。

7　提高网络金融犯罪综合治理效果的政策建议

前述章节的研究表明，我国网络金融犯罪综合治理效果影响因素包括法律法规、犯罪惩罚概率、犯罪惩罚力度、犯罪惩罚及时性、预防犯罪法律宣传、网络金融监管、机构及其业务规范性与社会监督共 8 个。这些因素都会对网络金融犯罪综合治理效果产生直接或间接的影响。在专家评价中，法律法规、预防犯罪法律宣传与社会监督对网络金融犯罪综合治理效果的影响最大；而在公众评价中，法律法规、网络金融监管与犯罪惩罚概率对网络金融犯罪综合治理效果的影响最大。基于以上研究结论，本章从治理主体层面提出提高我国网络金融犯罪综合治理效果的政策建议。

7.1　立法机关层面

立法机关包括国家立法机关与地方立法机关。立法机关层面影响我国网络金融犯罪综合治理效果的因素是法律法规。我国网络金融的大力发展远超现有法律框架，与现有相关法律形成了一种割裂局面。因此，在未来从整体上提升我国网络金融犯罪综合治理效果，首先必须在法律上进行相关设计，形成强有力的法律保障。

（1）完善已有基础性金融行政法律，如商业银行法、证券法等相关规定，在其中加入诸如网络金融的行业准入门槛及各交易主体的权利与义务等。在相关的金融行政法律中，结合现有市场上的新动态，明确界定各种形式的违法行为，以期能使金融行政法律对这些违法行为采取快速应对之态，在保证金融市场效率的基础上解决金融市场存在的秩序与公平之争议。

（2）在完善已有金融行政法律的基础上，应当联动刑事立法针对相关问题进行进一步的评估。刑法因其自身的谦抑性，引入刑法介入网络金融市场，更看重的是刑罚自身具有的强大威慑力，可以促使网络金融市场上的交易双方，能够遵守相关行政法规订立的规则，从宏观层面促进网络金融市场的资源能够以一种更为有效的方式进行配置。但是，刑事立法作为保障网络金融市场最为严厉的措施，因其介入必然会引发诸多问题。因此，在引入刑事立法之前，需要在已建立相关的行政法律进行规制之后，方可引入刑事立法，以弥补行政法律的不足。刑事立法介入网络金融市场的途径，包括在原先金融行政法律中对新出现的相关犯罪行为进行重新界定，或者对已有网络金融犯罪行为构成要件做进一步宽松化处理；针对在相关金融行政法律中规定为犯罪行为的，而未在刑法中体现的。除此之外，引入刑事立法还需要重点关注与网络金融犯罪相关的程序法，如对于网络金融犯罪案件的刑事管辖权。目前，在我国的法律实践中，通常以犯罪案件发案地区作为案件的刑事管辖权处理原则。但是，从相关司法实践中可以看到，网络金融犯罪案件既存在犯罪分子犯罪行为发生地，也存在犯罪分子实际获取非法所得的结果发生地。因此，在现实情况中，可能会出现面临案件司法管辖权冲突的问题，需要在相关法律中对其予以详细说明，避免因司法管辖冲突而带来实践中司法成本的提升。

7.2 行政机关层面

我国行政机关包括中央政府、各级地方政府包含的相关职能部门。它们通过预防犯罪法律宣传与网络金融监管影响我国网络金融犯罪综合治理效果。

（1）预防犯罪法律宣传层面

网络金融法律法规是网络金融犯罪综合治理的基础与保障，而法律法规在我国网络金融犯罪综合治理过程中发挥实效，离不开综合治理主体对预防网络金融犯罪法律法规的有效宣传。在预防犯罪法律宣传层面，提升网络金融犯罪综合治理效果需要重点从以下方面进行。

1）进一步明确普法责任主体。2018年，由全国普法办印发的第一批《中央国家机关普法责任清单》，其中将最高人民法院、最高人民检察院、公安部、司法部、财政部、人力资源和社会保障部、交通运输部、中国人民银行、海关总署、国家税务总局十个部门列为首批的普法责任部门。其中，该清单规定"这些部门不仅需要学习宣传习近平总书记关于全面依法治国的重要论述、宪法及宪法相关法与中国共产党章程等党内法规，还需要在工作当中学习与宣传与本部门业务工作密切相关的重点法律法规规章"。该法规作为具体落实"谁执法，谁普法"的普法责任制的配套法律，无疑为明确网络金融犯罪综合治理过程中法律宣传的主体作出规定。但是，未来根据综合治理的实际进展，以及我国网络金融的发展现状，需要进一步扩大该清单，将更多的部门纳入普法责任主体范围，实现"全方位"网络金融法律宣传态势。

2）完善对下级普法部门普法任务的考核机制。本书在实际调研过程中发现，基层执法部门由于各种原因，在实际工作中并不能全面做到普及与宣传法律。因此，在我国网络金融犯罪综合治理过程中，需要针对地区综合治理的现状，建立统一的部门普法任务考核机制，明确普法考核的部门成员与考核的标准，建立对于考核结果的奖惩机制，将其纳入基层部门工作绩效中的重要一环。对基层部门实际工作中存在的困难与障碍，应当从"财、权、物"上进行充分的倾斜，帮助基层部门克服难关，全面实现法律普及与宣传效果的提升。

3）借助现代信息媒介，进一步扩大法律宣传的效果。随着信息技术的迅速发展与应用，以移动互联网为标志的新一代信息技术的崛起不仅改变了金融交易的模式，也改变了现代人的生活行为。而在我国网络金融犯罪综合治理过程中，各级执法部门也需要借助信息技术，创新网络金融法律法规宣传的内容、形式以及途径。如借助现在新兴的自媒体、融媒体形式，执法部门可以创作如网络金融法律宣传小讲堂、情景剧、漫画等不同的宣传形式，以充分契合现代人社交与生活模式的方式，实现高质量的法律普及与宣传。

（2）网络金融监管层面

网络金融监管是我国网络金融犯罪综合治理中不可或缺的重要一环。有效的网络金融监管是规范网络金融市场，促进其健康发展的关键。未来提升我国网络金融犯罪综合治理效果可以从以下几个方面进行突破。

1）完善网络金融监管法律体系。细化相关法律中关于网络金融消费者的界定，明确其需要被保护的个人财产与隐私的相关细则，规范网络金融机构在其中的责任与义务，真正做到监管部门在日常监管中有法可依。

2）完善网络金融的监管体系。早期，我国金融市场的监管主体为中国人民银行，但是随着金融市场的不断发展，仅有中国人民银行一家已无法承担对市场的有效监管。因此，由中国人民银行、中国银监会、中国保监会与中国证监会在内的"一行三会"格局得以呈现，而早期的网络金融市场恰逢其时。但是，随着2018年新一轮政府机构改革的推行，原先的中国银监会与中国保监会合并为中国银行保险监督管理委员会，"一行三会"的监管格局变成"一行两会"，其演变的内涵在于监管层对于我国金融市场的不同金融业态的监管理念由原先的"分业监管"逐渐迈入"综合监管"。因此，针对未来我国网络金融监管需要进一步按照网络金融的发展态势，针对不同的业态在银保监会与证监会内设立专门的监管部门。积极发展网络金融行业自律组织，通过进一步加强行业自律组织建设，完善相关行业公约，推出行业标准，建立除政府监管之外的行业自律监管力量，完善我国网络金融监管体系。

3）建立动态监管机制。虽然我国网络金融目前的监管体系已然确立，但是根据我国网络金融快速发展的态势，还需要建立全面动态的监管机制。我国网络金融监管部门需要根据市场发展形势，建立定期更新的监管主体责任划分机制，及时应对行业快速发展态势，保障我国网络金融监管体系的完整性。随后，在具体监管内容上，应当积极采用新兴信息技术，对我国网络金融发展进行全面分析，建立风险预警与防范的长效机制，积极开展国际合作，充分吸收域外先进经验，为应对我国网络金融市场的长期变化做好充分准备。

7.3 司法机关层面

司法机关包括各级公安机关、各级人民检察院与各级人民法院。它们通过犯罪惩罚概率、犯罪惩罚力度、犯罪惩罚及时性影响我国网络金融犯罪综合治理效果。

（1）犯罪惩罚概率层面

以公安机关为首的政法部门，是应对网络金融犯罪的最后一道防线，也是对网络金融犯罪依法惩治，将其纳入刑事司法程序的第一个环节。本书在实际调研中也发现，目前我国对于网络金融犯罪案件的打击与惩处，主要还是依靠各级公安机关。依照我国现有的刑事司法程序，公安部门行使刑事司法中的侦查权力，对于接到的网络金融犯罪线索行为进行确认，如其确实构成犯罪行为，即对该案件进行刑事立案侦查。因此，未来提升我国网络金融犯罪综合治理效果时，在犯罪惩罚概率层面，可以从以下几个方面着手。

1）建立公检法之间的司法协作标准。网络金融犯罪案件进入刑事司法程序，首先，需要经过公安机关对于犯罪分子犯罪事实的认定。但是，在实际调研中我们发现，目前有些地方存在受害人员向当地公安机关进行报案，但是由于案件呈现受害人员人数众多，其单个受害人涉案金额未达到相关立案标准，公安机关无法立案。因此，在解决此类问题时，可以采取引入民事诉讼法中的"共同诉讼"理念，对于本地区爆发的网络金融犯罪案件，公安机关在接受群众举报时，采取"串并案"的方式对案件犯罪事实进行认定，将该案件涉及的受害人的共同损失作为涉案金额，这样可以有效解决受害群众报案而公安机关无法立案的情景。其次，对于犯罪分子在其他地区取得违法所得情形时，当地公安机关需要及时对该地区的受害人进行取证，既保证案件在司法程序中的快速处理，又可以解决基层公安机关在异地办案时出现的办案成本较高的问题，并且这对于犯罪分子的审查逮捕、法院的判决执行也有很大的助益。

2）完善公检法机构与网络金融机构之间查询与冻结工作机制。自2015年1月1日起，由银监会、公安部、最高人民检察院等共同制定的《银行业金融机构协助人民检察院、公安机关、国家安全机关查询冻结工作规定》正式实施，对于尤以经济犯罪侦查为主的公安经侦部门，这是一大利好消息。该规定明确了商业银行必须归口管理查询冻结需求的原则，指出银行业金融机构在总部、省、自治区、直辖市、计划单列市的分行及有条件的地市级分行，需要设立专门部门与专人负责接收和反馈公安机关、人民检察院与国家安全机关的查询与冻结要求。首先，这解放了以往经侦部门公安干警在查询犯罪分子可疑账户时需要与过多银行内部部门打交道的烦琐程序，简化了其办理案件的流程，减少了司法成本。其次，该规定简化了上述部门在与商业银行进行查询与冻结时的程序，并提供了多个可供选择的查询与冻结路径。这对于经侦部门办理涉及犯罪分子跨省建立的银行账户的快速查询与冻结提供了更高效的解决途径。随后，在该规定中又给出了商业银行提供的查询项目，明确了商业银行反馈时间等相关内容。这些规定都奠定了公安机关、人民检察院可以更为高效地办理经济类犯罪案件。同时，该规定也指出，明确授权与鼓励各地建立快速查询与冻结机制。网络金融犯罪案件"与时俱进"，其犯罪手法与作案工具的更新换代之快更是为公安机关在办理此类案件时提出了更严峻的挑战。虽然该规定有益于提高公安机关等办理网络金融犯罪类案件的效率，但是未来各地公安机关还需要根据本地区网络金融犯罪案件的实际情况，建立与当地金融机构更为高效的查询与冻结工作机制，如利用新型信息技术，通过建立电子化的专线信息传输机制，在时间上"跑赢"犯罪分子。

（2）犯罪惩罚力度层面

网络金融犯罪案件如何进行判决是由法院根据当前相关法律法规所作出的依法判决。在对相关基层公安机关、检察院与人民法院进行走访过程中，发现对于网络金融犯罪案件的惩罚力度，各部门的人员均有不同的看法。为了提高网络金融犯罪案件的处罚力度，可以从扩大其犯罪圈，根据网络金融犯罪相关发展现状增加与之相适应的刑法罪名数量，修改网络金融犯罪构成条件，降低其入罪门槛；对于危险犯、行为犯的增加与犯罪主体认定的扩大；以及在刑罚量上可以考虑更严格的总则总量刑以及分则法定刑幅度的提升等。但是，在具体的实施过程中，还需要以保障网络金融市场发展为主，避免因采取过大的网络金融入罪浪潮而影响正常的金融创新与市场效率。

（3）犯罪惩罚及时性层面

网络金融犯罪形式多样，在司法实践中，公安机关作为处理该类犯罪案件的首要部门，需要建立针对不同网络金融业态的犯罪行为的预警平台，将被动防御犯罪转化为主动识别与预防、监测与预警犯罪，在违法行为在数量与情节上还未构成犯罪时予以强制措施惩处，做到更高效的预防网络金融犯罪，提高对于网络金融犯罪行为的惩罚及时性。公安机关建立的犯罪信息预警平台，需要针对不同的网络金融业态，选择适当的预警指标，确定合适的预警阈值，构建具有针对性的预警信息平台。并且，在预警平台的构建过程中，可以接入公安机关现有的全国经侦信息系统、案件管理系统、资金查控平台、派综系统等已有的信息平台，利用这些平台上的现成数据库，以大数据等信息技术对其进行反复模拟与训练，勾勒出预警需要的关键信息，如潜在的犯罪路径、可疑资金交易轨迹、危险平台的关键特征、网络金融相关业态的网上阵地控制、对网络金融犯罪嫌疑人的人物特征描绘与全息画像、对于异常资金未来路径流动的预测、犯罪行为高发地的时空分析，以及对涉网络金融犯罪案件办理过程中的社会舆情监测与分析，充分满足公安机关对于网络金融犯罪实时预警的需求。

7.4　市场参与方层面

市场参与方层面影响我国网络金融犯罪综合治理效果的因素是机构及其业务规范性。网络金融机构作为参与网络金融犯罪综合治理的有效力量，配合政府监管部门，依法开展网络金融相关业务，积极保障网络金融消费者的个人权益，是保障网络金融犯罪综合治理效果的基础。未来，市场参与方在提升网络金融犯罪综合治理效果可以主要关注以下方面。

（1）有效保护网络金融消费者（客户）信息安全。目前，相关法律法规均对于保护用户信息安全作出规定，如《中华人民共和国网络安全法》中明确指出"网络运营者需要对用户的相关信息进行保密"；《全国人民代表大会常务委员会关于加强网络信息保护的决定》中指出"任何组织和个人不得窃取或者以其他非法方式获取公民个人电子信息、不得出售或者非法向他人提供公民个人信息"；《中华人民共和国电信条例》《网络交易管理办法》《网络借贷信息中介机构业务活动管理暂行办法》等相关法规也对相关机构保护金融消费者信息安全作出不同的规定。网络金融机构需要根据自身业务特征，如设立相关部门，加强对从业人员的教育培训，建立信息安全管理制度与风险控制机制等。

（2）有效监管网络金融平台违法信息。网络金融机构在法律上还负有监管自身平台违法信息的责任，如《全国人民代表大会常务委员会关于加强网络信息保护的决定》中指出，"网络服务提供者应当加强对其用户发布的信息的管理，发现法律、法规禁止发布或者传输的信息的，应当立即停止传输该信息……并向有关主管部门报告"；《中华人民共和国网络安全法》也指出"网络运营者应加强信息管理，停止传输违法发布或者传输的信息"等。网络金融机构在日常经营过程中，需要认真履行法律法规中的相关规定，健全自身业务管理与控制制度，建立职责明晰的违法信息监管工作责任制，完善违法信息监测与识别流程，建立定期的自查工作机制，对于发现的违法信息，及时向主管部门进行汇报，若其中涉及犯罪行为，还需要及时向公安机关进行汇报。

（3）积极协助公安等执法机关进行协查。在法律上，《全国人民代表大会常务委员会关于加强网络信息保护的决定》指出"有关主管部门依法履行职责时，网络服务提供者应当予以配合，提供技术支持"。在相关的部门规章中，《银行业金融机构协助人民检察院、公安机关、国家安全机关查询冻结工作规定》中指出了商业银行等金融机构对于公安等机关的案件协查的相关规定与标准，都充分说明了网络金融机构负有对于执法机构的案件协查的义务。在实践中，网络金融机构在日常经营过程中，需要针对以上有关法律法规的规定，进一步在制度设计、机制构建、部门设置、人员培养上都做到细化与下沉，真正做到对消费者信息有力保护与对平台违法信息有效监管，积极配合执法机关案件协查与刑事案件侦查。

7.5　社会参与方层面

社会参与方层面影响我国网络金融犯罪综合治理效果的因素是社会监督。社会参与方主要包括社会组织、公共媒体与社会公众。社会参与方作为参与网络金融犯罪综合治理的重要社会力量，虽然不像国家权力机构能够对网络金融犯罪综合治理直接施加影响，也没有市场参与方的专业知识与素养，社会参与方在网络金融犯罪综合治理过程中发挥影响，更多的是需要依靠其他治理主体的影响。社会参与方对网络金融犯罪的认识较为匮乏，其中尤以社会公众为主，这部分群体欠缺如司法机关一线工作人员的工作经验，同时也缺乏如金融机构从业人员具备的专业知识，他们既是参与网络金融犯罪综合治理的主体，同时也是网络金融犯罪的潜在受害者。社会参与方拥有其他治理主体所不具备的规模优势，是未来提升网络金融犯罪综合治理效果的关键。因此，站在社会参与方的角度，首先，需要政府相关部门有力的法律宣传，有效地提高公众认识网络金融犯罪、知晓网络金融法律的能力，使社会公众在日常的生活中能够更有效地发现犯罪、预防犯罪与保护自身财产安全。其次，市场参与方应当及时配合政府相关职能部门，在有效保护社会公众信息安全的同时，积极担负起对社会公众的安全教育，提高社会公众对于网络金融犯罪行为的识别与预防能力。最后，司法机关中的公安机关需要为社会公众建立更有效的监督与举报平台，使社会公众在发现犯罪行为时能够拥有渠道及时举报，真正使网络金融犯罪行为在公众日常生活中无处遁形，促使司法机关对网络金融犯罪行为"打早打小，露头就打"，将网络金融犯罪行为彻底扼杀于萌芽之中。社会公众作为网络金融犯罪综合治理过程中最为庞大的群体，其参与网络金融犯罪综合治理的程度决定了未来网络金融犯罪综合治理的效果，因此，有效提高社会公众的法律意识与自身防范能力，充分发挥社会公众具有的规模优势，积极构建以政府监管、行业自律之外的社会监督力量，是未来提升网络金融犯罪综合治理效果的关键。

8 结论与展望

8.1 研究结论

本书首先利用多中心治理理论与利益相关者理论，结合我国网络金融犯罪综合治理实践，对我国网络金融犯罪综合治理主体进行了有效识别与层级划分，通过对相关文献的整理与分析，提出了不同层级治理主体对我国网络金融犯罪综合治理效果的影响机理，找到了包括法律法规在内的8个影响网络金融犯罪综合治理效果的因素，提出了研究假设，构建了我国网络金融犯罪综合治理效果概念模型。其次，设计了研究过程中所需的调查问卷，在对调查问卷进行小规模样本测试之后，形成了正式的调查问卷。对我国网络金融犯罪综合治理相关领域的一线人员、机构（专家学者）与随机社会公众分别进行问卷发放与回收，取得了所需的样本数据，利用结构方程模型的方法对研究假设进行了实证检验。再次，结合我国网络金融犯罪综合治理实践，分别构建了我国网络金融犯罪综合治理效果专家评价与公众评价指标体系，利用相关实例对构建的指标体系进行了检验。结果显示，所构建的我国网络金融犯罪综合治理效果专家评价与公众评价指标体系具有一定程度的实用性与可靠性。最后，提出了提高我国网络金融犯罪综合治理效果的政策建议。研究在填补目前我国网络金融犯罪及网络金融犯罪综合治理研究领域不足的基础上，得出以下结论。

（1）利用多中心治理理论，识别出我国网络金融犯罪综合治理的治理主体包括立法机关、行政机关、司法机关、市场参与方与社会参与方共五类。利用利益相关者理论，将我国网络金融犯罪综合治理的众多治理主体按照特征属性划分为确定型治理主体、预期型治理主体与潜在型治理主体。其中，确定型治理主体包括国家立法机关、中央政府、地方立法机关、地方政府、各级公安机关、各级人民检察院与各级人民法院；预期型治理主体包括各级司法行政部门、各级金融监管部门、各级市场监督管理部门、互联网企业、金融机构与行业协会；潜在型治理主体包括社会组织、公共媒体与社会公众。

（2）揭示了不同层级治理主体对我国网络金融犯罪综合治理效果的影响机理。这些影响机理具体为确定型治理主体通过法律法规、犯罪惩罚概率、犯罪惩罚力度与犯罪惩罚及时性影响网络金融犯罪综合治理效果；预期型治理主体通过预防犯罪法律宣传、网络金融监管与机构及其业务规范性影响网络金融犯罪综合治理效果；潜在型治理主体通过社会监督影响网络金融犯罪综合治理效果。其中，法律法规、犯罪惩罚概率、犯罪惩罚力度、犯罪惩罚及时性、预防犯罪法律宣传、网络金融监管、机构及其业务规范性与社会监督是对网络金融犯罪综合治理效果的影响因素。

（3）研究了不同评价主体下影响因素对网络金融犯罪综合治理效果的影响路径与影响效应。通过对我国网络金融犯罪综合治理相关领域的一线人员、机构（专家学者）与随机社会公众分别进行问卷发放与回收，取得了本书所需的样本数据，利用结构方程模型的方法对研究假设进行了实证检验。结果发现，从影响路径看，无论是专家评价还是公众评价，各影响因素对网络金融犯罪综合治理效果均会有直接或间接的影响。从影响效应看，在专家评价中，法律法规、预防犯罪法律宣传与社会监督对网络金融犯罪综合治理效果的影响最大，其影响效应在所有影响因素中的数值排列前三；在公众评价中，网络金融犯罪综合治理效果则受到法律法规、网络金融监管与犯罪惩罚概率的影响最大，其影响效应在所有影响因素中的数值排列前三。

（4）构建了我国网络金融犯罪综合治理效果评价指标体系。以网络金融犯罪综合治理效果影响机理与影响因素的理论分析为依据，以网络金融犯罪综合治理效果影响路径与影响效应的实证检验为基准选取评价指标，运用专家咨询法对指标体系权重加以综合确定以及分别设计网络金融犯罪综合治理效果专家评价与公众评价指标体系，评价结果具有较好的实用性与可靠性，能够对我国网络金融犯罪综合治理效果进行客观、公正的反映。

（5）从立法机关层面、行政机关层面、司法机关层面、市场参与方层面与社会参与方层面分别提出了提高我国网络金融犯罪综合治理效果相关政策建议。在立法机关层面建议完善已有基础性金融行政法律与完善刑事法律中的相关规定。行政机关层面建议包含预防犯罪法律宣传与网络金融监管两个方面。其中，预防犯罪法律宣传方面包括进一步明确普法责任主体，完善上级部门对下级普法部门任务的考核机制以及借助现代信息媒介进一步提高普法效果；网络金融监管方面包括完善我国网络金融监管法律体系，完善我国网络金融的监管体系以及建立动态监管机制。司法机关层面建议包含犯罪惩罚概率、犯罪惩罚力度与犯罪惩罚及时性三个方面。其中，犯罪惩罚概率方面包括建立公检法之间的司法协作标准，完善与网络金融机构之间查询与冻结工作机制；犯罪惩罚力度方面包括适当扩大犯罪圈的构成与刑罚量的提升；犯罪惩罚及时性方面包括建立针对不同网络金融业态的犯罪行为预警平台。市场参与方层面建议保护网络金融消费者（客户）信息安全，平台违法信息有效监管与积极协助公安等执法机关进行案件协查与侦查。社会参与方层面建议社会公众等通过对网络金融相关法律法规的熟知以及对相关网络金融犯罪案件的了解，提高对身边可疑、不法案件的甄别能力，同时通过政府相关职能部门与司法机关积极构建有效监督与举报平台，使社会参与方对网络金融犯罪分子与网络金融犯罪案件能够进行有效举报与监督，充分发挥社会参与方的社会监督职能，从全局角度提升网络金融犯罪综合治理效果。

8.2　研究展望

网络金融作为现代金融体系中的重要补充，其健康发展对于推进普惠金融发展，促进创新创业，提高金融机构的竞争力，维护金融体系稳定，乃至更广泛的经济体系的繁荣至关重要。但是，打着"金融创新"的旗号，利用网络金融实施犯罪的行为无论是对经济和金融发展、社会的稳定等都具有严重的负面影响，任其发展更会引发许多社会负面效应，造成严重后果。因此，实施网络金融犯罪综合治理对于我国政治、经济、民生等都具有重要的积极作用，是利国利民的大事。针对网络金融犯罪综合治理效果的评价研究与实际运用，是网络金融犯罪综合治理的重要内容。然而，网络金融犯罪综合治理效果评价的影响因素错综复杂，由于受所能获取资料、数据、研究时间、论文篇幅及作者能力等限制，仅对其中的主要因素及其影响进行了研究，后续还将从以下方面进行更进一步的研究。

（1）深化网络金融犯罪综合治理"效果"的内涵。随着对网络金融犯罪综合治理的持续推进与理论研究的日益丰富，网络金融犯罪综合治理的目标会随着社会经济发展所处的不同阶段而产生与之对应的特定内涵。未来，网络金融犯罪综合治理会随着网络金融市场的逐渐成熟，而将保护网络金融消费者的个人信息与隐私，纳入网络金融犯罪综合治理的目标集合。在这种环境下，研究隶属于该治理目标下的网络金融犯罪治理效果的内涵，充实评价的"内容"是保障未来进行网络金融犯罪综合治理效果评价的重要内容。

（2）细化网络金融犯罪综合治理效果评价指标。随着我国网络金融犯罪综合治理的不断推进，针对不同地区网络金融市场发展存在的差异，网络金融犯罪形式的不同与各地网络金融犯罪综合治理的实际情况，需要建立差异化的网络金融犯罪综合治理效果评价指标体系，丰富目前已有的单一化、同质化的网络金融犯罪综合治理效果评价指标体系，使网络金融犯罪综合治理的理论研究与网络金融犯罪综合治理实践更好地结合。另外，在社会评价主体中，媒体作为网络社会中具有重要和特殊职能的评价主体，在网络金融犯罪综合治理效果评价中具有非常重要和不可替代的作用。

附录

附录 A：我国网络金融犯罪综合治理主体特征属性测量表

治理主体重要性打分表

测量题项	重要性				
	1	2	3	4	5
	完全不同意	基本不同意	态度中立	基本同意	完全同意
国家立法机关					
中央政府					
地方立法机关					
地方政府					
各级公安机关					
各级人民检察院					
各级人民法院					
各级司法行政部门					
各级金融监管部门					
各级市场监督管理部门					
社会组织					
互联网企业					
金融机构					
行业协会					
公共媒体					
社会公众					

治理主体主动性打分表

测量题项	主动性				
	1	2	3	4	5
	完全不同意	基本不同意	态度中立	基本同意	完全同意
国家立法机关					
中央政府					
地方立法机关					
地方政府					
各级公安机关					
各级人民检察院					
各级人民法院					
各级司法行政部门					
各级金融监管部门					
各级市场监督管理部门					
社会组织					
互联网企业					
金融机构					
行业协会					
公共媒体					
社会公众					

附录 B：我国网络金融犯罪综合治理效果影响因素研究调查问卷（专家评分法）

尊敬的受访者：

您好，我们是××××大学××××学院网络金融犯罪综合治理研究小组。首先，感谢您在百忙之中接受本问卷调查。本问卷针对"我国网络金融犯罪综合治理效果评价研究"进行调查研究，结果将作为学术研究内容。您的友好协助，将对本研究有重要的贡献，因此我们衷心期望您能抽出时间填答此问卷。

本研究内容将完全保密，并只做学术研究之使用，因此请您放心填答，问卷内所有资料仅供参考使用，不对外公开，问卷中所提问题没有所谓的"对"或"错"，因此敬请您依照本人的真实状况及个人意见填写，您的宝贵意见对整个研究有很大的帮助。

占用您的宝贵时间，衷心感谢您的合作与协助。谢谢！

一、基本信息（这一部分是对您的基本资料的统计，本资料只用于统计分析，不对外公开，请您放心填写）

1. 性别（　　）。

A. 男　　　　　　　　B. 女

2. 年龄（　　）。

A. 19~30 岁　　　　B. 31~40 岁　　　　C. 41~50 岁　　　　D. 51 岁以上

3. 学历（　　）。

A. 硕士及以上　　B. 本科　　　　　　C. 大专　　　　　　D. 高中及以下

4. 所在行业性质（　　）。

A. 从业机构（金融机构与互联网企业）

B. 立法机关

C. 行政机关

D. 司法机关

E. 研究机构

F. 其他

5. 职务（　　）。

A. 高层管理者（厅级及以上）　　　　B. 中层管理者（处级）

C. 基层管理者（科级）　　　　　　　D. 普通员工

6. 所在部门（　　）。

A. 业务部门　　　B. 技术部门　　　C. 管理部门　　　D. 行政部门

E. 其他

二、网络金融犯罪综合治理效果影响因素

下列问题，主要是了解我国网络金融犯罪综合治理效果影响因素。请依据自身工作实践与对网络金融犯罪综合治理的了解真实表达您的意见，逐项在相应位置打√。对于问题的说法，您的意见：1 完全不同意；2 基本不同意；3 态度中立；4 基本同意；5 完全同意	1 完全不同意	2 基本不同意	3 态度中立	4 基本同意	5 完全同意
法律法规					
AA2. 修订与完善现有网络金融法律法规体系非常重要					
AA3. 制定专门网络金融法律法规非常重要					
AA4. 网络金融法律制定应对网络金融消费者采取倾斜性保护					
犯罪惩罚概率					

下列问题，主要是了解我国网络金融犯罪综合治理效果影响因素。请依据自身工作实践与对网络金融犯罪综合治理的了解真实表达您的意见，逐项在相应位置打√。对于问题的说法，您的意见：1 完全不同意；2 基本不同意；3 态度中立；4 基本同意；5 完全同意	1 完全不同意	2 基本不同意	3 态度中立	4 基本同意	5 完全同意
AB1. 犯罪侦查中侦查措施综合运用有利于打击网络金融犯罪					
AB2. 犯罪侦查借助现代化信息技术非常重要					
AB4. 案件侦破效率体现了打击犯罪能力					
AB5. 国际刑事司法合作有利于打击网络金融犯罪					
AB6. 重大案件公安机关与检法机关建立会商协调机制有利于打击犯罪					
犯罪惩罚力度					
AC1. 网络金融犯罪刑事处罚体现了打击犯罪司法职能					
AC2. 扩大资格刑与罚金刑适用有利于提高处罚力度					
AC3. 涉案财物处置机制明确有利于判决形成					
AC4. 判决及时执行与信息公开有利于社会稳定					
犯罪惩罚及时性					
AD1. 建立网络金融犯罪预警平台有利于及时发现犯罪					
AD2. 网络金融舆情监督与信息分享非常重要					
AD3. 建立与网络金融机构的查询冻结工作机制有利于打击网络金融犯罪					
预防犯罪法律宣传					
BA1. 网络金融法律宣传内容实用性可以提高公众守法意识与自我防范能力					
BA2. 网络金融法律宣传形式需要易于被公众接受					
BA3. 接收网络金融法律宣传方便性非常重要					
BA4. 网络金融法律宣传应注重宣传对象广泛性					
BA5. 针对特殊人群（中老年人、离退休人员以及家庭妇女等）的法律宣传非常重要					
网络金融监管					
BB1. 监管机构规范的行政审批有利于预防犯罪产生					
BB2. 监管机构对网络金融机构应当按时履行行政检查					
BB3. 监管机构在日常管理中为防止违法行为转变为犯罪行为应当及时实施行政强制措施					
BB4. 监管机构对网络金融机构违法但未构成犯罪的行为应当及时进行行政处罚					
BB5. 行政处罚案件涉嫌犯罪监管机构应及时移交司法机关					
机构及其业务规范性					
BC1. 网络金融机构应该积极协助公安机关等部门进行案件协查与侦查					

续表

下列问题，主要是了解我国网络金融犯罪综合治理效果影响因素。请依据自身工作实践与对网络金融犯罪综合治理的了解真实表达您的意见，逐项在相应位置打√。对于问题的说法，您的意见：1 完全不同意；2 基本不同意；3 态度中立；4 基本同意；5 完全同意	1 完全不同意	2 基本不同意	3 态度中立	4 基本同意	5 完全同意
BC2. 网络金融机构应该对客户充分进行产品信息说明与相关信息披露					
BC3. 网络金融机构业务风险揭示的形式与标准易于客户理解					
BC4. 网络金融机构应该规范业务收益的宣传					
BC5. 网络金融机构应该承担客户安全教育					
社会监督					
CA1. 社会监督与举报渠道通畅有利于及时发现违法违规事件					
CA2. 对经核实的举报进行奖励有利于提高社会参与的积极性					
CA3. 社会监督对于网络金融监管是一种有效补充					
网络金融犯罪综合治理效果					
DA1. 网络金融犯罪得到遏制和打击是网络金融犯罪综合治理的首要目标					
DA2. 治理体系与治理能力现代化是网络金融犯罪综合治理效果的重要表现					
DA3. 社会稳定是网络金融犯罪综合治理效果的重要表现					

附录 C：我国网络金融犯罪综合治理效果影响因素研究调查问卷（公众评分法）

尊敬的受访者：

您好，我们是××××大学××××学院网络金融犯罪综合治理研究小组。首先，感谢您在百忙之中接受本问卷调查。本问卷针对"我国网络金融犯罪综合治理效果评价"进行调查研究，结果将作为学术研究内容。您的友好协助，将对本研究有重要的贡献，因此我们衷心期望您能抽出时间填答此问卷。

本研究内容将完全保密，并只做学术研究之使用，因此请您放心填答，问卷内所有资料仅供参考使用，不对外公开，问卷中所提问题没有所谓的"对"或"错"，因此敬请您依照本人的真实状况及个人意见填写，您的宝贵意见对整个研究有很大的帮助。

占用您的宝贵时间，衷心感谢您的合作与协助。谢谢！

一、基本信息（这一部分是对您的基本资料的统计，本资料只用于统计分析，不对外公开，请您放心填写）

1. 性别（　　　）。

A. 男　　　　　　　　B. 女

2. 年龄（　　　）。

A. 18 岁以下　　　B. 19~30 岁　　　C. 31~40 岁　　　D. 41~50 岁

E. 51 岁以上

3. 学历（　　　）。

A. 硕士及以上　　B. 本科　　　　　C. 大专　　　　　D. 高中及以下

4. 现在或退休前职业（　　　）。

A. 机关干部　　　　　　　　　B. 一般职员

C. 教育科研人员　　　　　　　D. 文化体育工作者

E. 医疗机构人员　　　　　　　F. 企业管理人员

G. 工人、商业服务业人员　　　H. 军人、武警

I. 私营企业主/个体户　　　　　J. 自由职业者

K. 务农或无工作　　　　　　　L. 学生

M. 其他（请注明）

5. 您现在居住情况（　　　）。

A. 独居　　　　　　　　　　　B. 只与配偶同住

C. 只与子女同住　　　　　　　D. 与亲人或朋友住

E. 住养老机构　　　　　　　　F. 与配偶及子女同住

G. 其他

二、网络金融犯罪综合治理效果影响因素

下列问题，主要是了解我国网络金融犯罪综合治理效果影响因素。请依据自身工作实践与对网络金融犯罪综合治理的了解真实表达您的意见，逐项在相应位置打√。对于问题的说法，您的意见：1 完全不同意；2 基本不同意；3 态度中立；4 基本同意；5 完全同意	1 完全不同意	2 基本不同意	3 态度中立	4 基本同意	5 完全同意
法律法规					
AA1. 公众参与地方政府网络金融立法可以提高立法效果，有利于打击与预防网络金融犯罪					
AA2. 修订与完善现有网络金融法律法规体系非常重要					

127

续表

下列问题，主要是了解我国网络金融犯罪综合治理效果影响因素。请依据自身工作实践与对网络金融犯罪综合治理的了解真实表达您的意见，逐项在相应位置打√。对于问题的说法，您的意见：1 完全不同意；2 基本不同意；3 态度中立；4 基本同意；5 完全同意	1 完全不同意	2 基本不同意	3 态度中立	4 基本同意	5 完全同意
AA3. 制定专门网络金融法律法规非常重要					
AA4. 网络金融法律制定应对网络金融消费者采取倾斜性保护					
犯罪惩罚概率					
AB1. 犯罪侦查中侦查措施综合运用有利于打击网络金融犯罪					
AB2. 犯罪侦查借助现代化信息技术非常重要					
AB3. 公安机关警情反应速度体现了打击犯罪能力					
AB4. 案件侦破效率体现了打击犯罪能力					
犯罪惩罚力度					
AC1. 网络金融犯罪刑事处罚体现了打击犯罪司法职能					
AC2. 扩大资格刑与罚金刑适用有利于提高处罚力度					
AC3. 涉案财物处置机制明确有利于判决形成					
AC4. 判决及时执行与信息公开有利于社会稳定					
犯罪惩罚及时性					
AD1. 建立网络金融犯罪预警平台有利于及时发现犯罪					
AD2. 网络金融舆情监督与信息分享非常重要					
AD3. 建立与网络金融机构的查询冻结工作机制有利于打击网络金融犯罪					
预防犯罪法律宣传					
BA1. 网络金融法律宣传内容实用性可以提高公众守法意识与自我防范能力					
BA2. 网络金融法律宣传形式需要易于被公众接受					
BA3. 接收网络金融法律宣传方便性非常重要					
BA4. 网络金融法律宣传应注重宣传对象广泛性					
BA5. 针对特殊人群（中老年人、离退休人员以及家庭妇女等）的法律宣传非常重要					
网络金融监管					
BB1. 监管机构规范的行政审批有利于预防犯罪产生					
BB2. 监管机构对网络金融机构应当按时履行行政检查					
BB4. 监管机构对网络金融机构违法但未构成犯罪的行为应当及时进行行政处罚					
BB5. 行政处罚案件涉嫌犯罪监管机构应及时移交司法机关					
机构及其业务规范性					
BC2. 网络金融机构应该对客户充分进行产品信息说明与相关信息披露					

下列问题，主要是了解我国网络金融犯罪综合治理效果影响因素。请依据自身工作实践与对网络金融犯罪综合治理的了解真实表达您的意见，逐项在相应位置打√。对于问题的说法，您的意见：1 完全不同意；2 基本不同意；3 态度中立；4 基本同意；5 完全同意	1 完全不同意	2 基本不同意	3 态度中立	4 基本同意	5 完全同意
BC3. 网络金融机构业务风险揭示的形式与标准易于客户理解					
BC4. 网络金融机构应该规范业务收益的宣传					
BC5. 网络金融机构应该承担客户安全教育					
社会监督					
CA1. 社会监督与举报渠道通畅有利于及时发现违法违规事件					
CA2. 对经核实的举报进行奖励有利于提高社会参与的积极性					
CA3. 社会监督对于网络金融监管是一种有效补充					
网络金融犯罪综合治理效果					
DA1. 网络金融犯罪得到遏制和打击是网络金融犯罪综合治理的首要目标					
DA4. 公民守法意识提高是网络金融犯罪综合治理效果的重要表现					
DA5. 公民防范能力提高是网络金融犯罪综合治理效果的重要表现					

附录 D：公众评价信度与效度检验结果

公众评价问卷的信度与效度分析

1. 问卷的信度分析

公众评价中的信度检验说明潜在的 9 个变量共 34 个测量项目的整体 Cronbach's α 系数值为 0.926，远大于 0.7 的标准，而每个影响因素的 Cronbach's α 值均大于 0.873，也在 0.7 的标准之上，说明该问卷的数据具有良好的内部一致性。

网络金融犯罪综合治理效果影响因素（公众评价）信度检验

潜在变量	题项编码	题项数量	Cronbach's α
法律法规	AA1 AA2 AA3 AA4	4	0.923
惩罚概率	AB1 AB2 AB3 AB4	4	0.926
惩罚力度	AC1 AC2 AC3 AC4	4	0.911
惩罚及时性	AD1 AD2 AD3	3	0.927
法律宣传	BA1 BA2 BA3 BA4 BA5	5	0.935
网络金融监管	BB1 BB2 BB4 BB5	4	0.948

潜在变量	题项编码	题项数量	Cronbach's α
机构及其业务	BC2　BC3　BC4　BC5	4	0.898
社会监督	CA1　CA2　CA3	3	0.873
综合治理效果	DA1　DA4　DA5	3	0.958
整体可靠性统计量		34	0.926

2. 问卷的效度分析

公众评价数据的 KMO 值为 0.935（>0.7），球形检验的卡方值为 44424.197，自由度 df 为 561，显著性 P 为 0.000（非常显著），这说明公众评价的样本数据中各变量独立的假设不成立，问卷数据具有较好的质量，可以进行因子分析。

网络金融犯罪综合治理效果影响因素（公众评价）Bartlett 检验

样本数据的 Kaiser-Meyer-Olkin 值		0.935
Bartlett 的球形度检验	近似卡方	44424.197
	df	561
	P	0.000

公众评价的数据在正交旋转后的矩阵中，其 34 个观测项目被提取出 9 个特征值大于 1 的公因子，其累计方差解释达到 90.988%，这说明被提取出的 9 个公因子可以解释问卷中 90.988% 的信息。随后，在旋转后的矩阵中可以看到，隶属于同一维度上的观测项目在对应的公因子上的负荷值均大于 0.6，而在其他公因子上的负荷值均小于 0.5（已省略）。这说明该问卷的内部具有较好的结构效度。公众评价数据因子负荷、特征值及解释方差如下表所示。

公众评价因子负荷、特征值及解释方差

观测变量	旋转成分矩阵								
	因子1	因子2	因子3	因子4	因子5	因子6	因子7	因子8	因子9
BA1	0.836								
BA3	0.835								
BA2	0.819								
BA4	0.779								
BA5	0.716								
AA4		0.875							
AA3		0.868							
AA2		0.821							

观测变量	旋转成分矩阵								
	因子1	因子2	因子3	因子4	因子5	因子6	因子7	因子8	因子9
AA1		0.826							
BC3			0.802						
BC5			0.793						
BC4			0.770						
BC2			0.760						
DA5				0.853					
DA1				0.849					
DA4				0.844					
AC1					0.751				
AC3					0.751				
AC4					0.713				
AC2					0.703				
AB1						0.803			
AB2						0.763			
AB3						0.754			
AB4						0.526			
AD3							0.867		
AD2							0.865		
AD1							0.828		
CA3								0.879	
CA1								0.870	
CA2								0.837	
BB5									0.693
BB2									0.672
BB4									0.665
BB1									0.615
特征值	4.768	4.009	3.699	3.285	3.281	3.163	3.076	3.068	2.587
方差解释	14.023%	11.793%	10.879%	9.662%	9.649%	9.303%	9.047%	9.022%	7.609%
累计方差解释	14.023%	25.816%	36.695%	46.357%	56.006%	65.309%	74.356%	83.378%	90.988%

3. 测量模型的信度与效度分析

在进行验证性因子分析之前，Amos 提供的关于测量模型的适配参数见下表。在与吴明隆（2013）给出的适配标准相比之下，发现该测量模型各指标达到相关要求。因此，从整体来看，可以接受该测量模型。

公众评价测量模型拟合结果

统计检验量	χ^2/df	GFI	RMSEA	IFI	NFI	NNFI	AGFI	PNFI	PGFI
适配标准	<3	>0.9	<0.08	>0.9	>0.9	>0.9	>0.9	>0.5	>0.5
本模型参数	2.731	0.930	0.048	0.985	0.976	0.979	0.900	0.728	0.651

从下表可以看出，公众评价测量模型的验证性因子分析结果显示，其包含的9个潜在变量下的观测项目的因子负荷均大于0.6，其因子系数非常显著（P=0.000），且所有的9个潜在变量的组合信度CR均大于0.891，平均方差抽取量均大于0.780，说明该测量模型拥有较好的信度与收敛效度。同时，由后续表可以看出，该测量模型拥有的9个潜在变量的AVE平方根值（表中对角线上加粗数值）均明显大于潜在变量之间的相关系数，这说明该测量模型拥有良好的区别效度。

公众评价测量模型 CR 值，因子负荷以及 AVE

潜在变量	观测变量	标准化因子负荷	显著性水平	组合信度 CR	平均方差抽取量 AVE
法律法规	AA1	0.881	—	0.954	0.838
	AA2	0.887	***		
	AA3	0.953	***		
	AA4	0.941	***		
犯罪惩罚概率	AB1	0.900	—	0.951	0.846
	AB2	0.935	***		
	AB3	0.983	***		
	AB4	0.854	***		
犯罪惩罚力度	AC1	0.789	—	0.944	0.807
	AC2	0.927	***		
	AC3	0.963	***		
	AC4	0.953	***		
犯罪惩罚及时性	AD1	0.880	—	0.958	0.843
	AD2	0.972	***		
	AD3	0.969	***		
预防犯罪法律宣传	BA1	0.814	—	0.918	0.804
	BA2	0.961	***		
	BA3	0.801	***		
	BA4	0.995	***		
	BA5	0.962	***		

潜在变量	观测变量	标准化因子负荷	显著性水平	组合信度 CR	平均方差抽取量 AVE
网络金融监管	BB1	0.912	—	0.979	0.893
	BB2	0.997	***		
	BB4	0.996	***		
	BB5	0.934	***		
机构及其业务规范性	BC2	0.941	—	0.969	0.857
	BC3	0.943	***		
	BC4	0.925	***		
	BC5	0.957	***		
社会监督	CA1	0.853	—	0.891	0.780
	CA2	0.923	***		
	CA3	0.796	***		
网络金融犯罪综合治理效果	DA1	0.944	—	0.928	0.825
	DA2	0.883	***		
	DA3	0.923	***		

潜在变量间相关系数矩阵

潜在变量	法律法规	惩罚概率	惩罚力度	惩罚及时性	法律宣传	网络金融监管	机构及其业务	社会监督	综合治理效果
法律法规	**0.915**								
惩罚概率	0.523	**0.920**							
惩罚力度	0.574	0.726	**0.898**						
惩罚及时性	0.474	0.559	0.554	**0.918**					
法律宣传	0.506	0.684	0.653	0.521	**0.897**				
网络金融监管	0.599	0.704	0.771	0.751	0.597	**0.945**			
机构及其业务	0.562	0.661	0.704	0.684	0.685	0.542	**0.926**		
社会监督	0.370	0.464	0.584	0.539	0.552	0.436	0.466	**0.883**	
综合治理效果	0.421	0.413	0.489	0.465	0.512	0.494	0.443	0.475	**0.908**

附录 E：我国网络金融犯罪综合治理效果评价指标体系权重分配咨询调查问卷

尊敬的受访者：

您好，我们是××××大学××××学院网络金融犯罪综合治理研究小组。首先，感谢您在百忙之中接受本问卷调查。本问卷针对"我国网络金融犯罪综合治理效果评价指标体系权重分配"进行调查研究，结果将作为学术研究内容。您的友好协助，将对本研究有重要的贡献，因此我们衷心期望您能抽出时间填答此问卷。

本研究内容将完全保密，并只做学术研究之使用，因此请您放心填答，问卷内所有资料仅供参考使用，不对外公开。问卷中所提问题没有所谓的"对"或"错"，因此敬请您依照本人的真实状况及个人意见填写，您的宝贵意见对整个研究有很大的帮助。

占用您的宝贵时间，衷心感谢您的合作与协助。谢谢！

下列问题，主要是了解我国网络金融犯罪综合治理效果评价指标体系各级指标重要程度。请依据自身工作实践与对网络金融犯罪综合治理的了解真实表达您的意见，逐项在相应位置打√。对于问题的说法，您的意见：1 完全不重要；2 基本不重要；3 态度中立；4 基本重要；5 完全重要	1 完全不重要	2 基本不重要	3 态度中立	4 基本重要	5 完全重要
一级指标					
1. 制度建设					
2. 过程推进					
3. 目标实现					
二级指标					
制度建设：					
1. 法律保障					
2. 制度保障					
过程推进：					
1. 法律宣传					
2. 业务监管					
3. 案件侦办					
4. 预警处置					

下列问题，主要是了解我国网络金融犯罪综合治理效果评价指标体系各级指标重要程度。请依据自身工作实践与对网络金融犯罪综合治理的了解真实表达您的意见，逐项在相应位置打√。对于问题的说法，您的意见：1 完全不重要；2 基本不重要；3 态度中立；4 基本重要；5 完全重要	1 完全不重要	2 基本不重要	3 态度中立	4 基本重要	5 完全重要
目标实现：					
1. 打击犯罪					
2. 预防犯罪					
三级指标					
法律保障（专家评价）					
1. 法规政策完备性					
2. 法规政策修订及时性					
3. 法规政策科学性					
法律保障（公众评价）					
1. 立法立规公众参与					
2. 法规政策公平性					
制度保障（专家评价）					
1. 涉案财物处置机制合理性					
2. 重大案件公安与检法协调会商机制有效性					
3. 公安机关与行业机构快速查询与冻结机制有效性					
4. 涉稳事件应急处置机制有效性					
法律宣传（专家评价）					
1. 法律宣传有效性					
2. 针对特殊人群的宣传保障					
法律宣传（公众评价）					
1. 宣传形式易接受性					
2. 宣传内容实用性					
3. 宣传获取便捷性					
业务监管（专家评价）					
1. 行政审批规范性					
2. 行政检查按时履行					
3. 非刑事案件及时实施行政强制措施					
4. 行政处罚案件及时查处					
5. 行政处罚案件涉嫌犯罪及时行政移交					

下列问题，主要是了解我国网络金融犯罪综合治理效果评价指标体系各级指标重要程度。请依据自身工作实践与对网络金融犯罪综合治理的了解真实表达您的意见，逐项在相应位置打√。对于问题的说法，您的意见：1 完全不重要；2 基本不重要；3 态度中立；4 基本重要；5 完全重要	1 完全不重要	2 基本不重要	3 态度中立	4 基本重要	5 完全重要
业务监管（公众评价）					
1. 机构充分进行产品信息说明与相关信息披露					
2. 机构风险揭示形式与标准易于公众接受					
3. 机构业务收益宣传规范性					
4. 机构履行安全教育实用性					
案件侦办（专家评价）					
1. 案件质量					
2. 举报渠道与平台建设					
案件侦办（公众评价）					
1. 举报渠道畅通性					
2. 对核实的举报予以奖励					
3. 警情反应速度					
4. 案件侦破速度					
预警处置（专家评价）					
1. 重点领域持续监测					
2. 网络舆情有效监督					
预警处置（公众评价）					
1. 预警信息接收及时性					
2. 涉案财物得到及时保护					
打击犯罪（专家评价）					
1. 案件依法判决					
2. 案件追赃挽损					
打击犯罪（公众评价）					
1. 审判公正性					
2. 判决得到及时执行					
预防犯罪（专家评价）					
1. 案件下降幅度					
2. 机构业务规范性					
预防犯罪（公众评价）					
1. 公众守法意识					
2. 公众防范能力					

参考文献

［1］上海市浦东新区人民检察院课题组，贺卫．网络金融犯罪治理研究［J］．山东警察学院学报．2016（1）．

［2］北京市朝阳区人民检察院．金融检察白皮书（第三辑）［R］．2019．

［3］张成虎．网络金融［M］．北京：科学出版社，2005．

［4］李居全．论我国刑法史上犯罪概念的产生［J］．法学评论，1997（4）：91-94．

［5］李振乐．金融计算机犯罪的防范［J］．信息网络安全，2004（12）：29-30．

［6］罗锋，鲍遂献．计算机犯罪及其防控措施研究［J］．中国刑事法杂志，2001（2）：46-53．

［7］皮勇．论金融领域计算机犯罪［J］．法学评论，2000（2）：119-123．

［8］郭华．互联网金融犯罪概说［M］．北京：法律出版社，2015：77．

［9］王新．危害金融犯罪的概念分析［J］．中外法学，1997（5）：59-65．

［10］许秀中．网络与网络犯罪［M］．北京：中信出版社，2003．

［11］佟志伟．论网络金融犯罪及侦查对策［J］．内蒙古民族大学学报（社会科学版），2007（2）：7．

［12］孙觅佳．论网络金融犯罪及其防控对策［J］．曲阜师范大学学报，2013（S1）．

［13］殷宪龙．我国网络金融犯罪司法认定研究［J］．法学杂志，2014（2）．

［14］万志尧．互联网金融犯罪问题研究［D］．上海：华东政法大学，2016．

［15］王平．网络银行发展中的问题及其对策［J］．金融理论与实践，2000（7）：11-14．

［16］金永红，慈向阳．涉网金融犯罪的特点、成因与防范研究［J］．上海金融，2007（1）：74-76．

［17］李坤明．对计算机网络犯罪若干法律问题的思考［J］．法制与社会，2010（15）：63-64．

［18］于志刚．网络犯罪与我国刑法应对［J］．中国社会科学，2010（3）．

［19］顾肖荣，王佩芬．金融刑事法体系治理能力建设若干问题思考——以国家治理能力现代化为视角［J］．政治与法律，2014（1）：31-38．

［20］胡坤，刘镝，刘明辉．大数据的安全理解及应对策略研究［J］.电信科学，2014（2）.

［21］郭敏．浅议金融创新与金融监管的博弈关系［J］.时代金融，2009（12）.

［22］于志刚，邢飞龙．我国网络法律体系的现状分析和未来建构——以2012年12月31日为截止时间点的分析［J］.辽宁大学学报（哲学社会科学版），2013（4）：82-94.

［23］刘宪权，金华捷．网络集资行为刑法规制评析［J］.华东政法大学学报，2014（5）：403-408.

［24］徐汉明，张乐．大数据时代惩治与预防网络金融犯罪的若干思考［J］.经济社会体制比较，2015（3）：11-19.

［25］汉斯·约阿希姆·施奈德．犯罪学［M］.吴鑫涛，马君玉译．北京：中国人民公安大学出版社，1990：72.

［26］赵廷光，朱华池，皮勇．计算机犯罪的定罪与量刑［M］.北京：人民法院出版社，2000：18.

［27］孙斌．我国互联网犯罪治理研究［D］.上海：上海交通大学，2010.

［28］邢秀芬．论网络犯罪的立法控制［D］.长春：吉林大学，2009.

［29］孟小峰，慈祥．大数据管理：概念、技术与挑战［J］.计算机研究与发展，2013，50（1）：146-169.

［30］李振林．"互联网金融犯罪的防控与治理"犯罪学沙龙综述［J］.犯罪研究，2014（4）：110-112.

［31］姜涛．互联网金融所涉犯罪的刑事政策分析［J］.华东政法大学学报，2014（5）：10-19.

［32］于志刚．网络思维的演变与网络犯罪的制裁思路［J］.中外法学，2014，26（4）：1045-1058.

［33］黄晓亮．从虚拟回归真实：大数据时代刑法的挑战与应对［J］.中国政法大学学报，2015（4）：54-63.

［34］姜涛．完善我国互联网金融法律体系的思考［J］.知与行，2017（5）：156-158.

［35］徐金水．网络诈骗犯罪问题研究［D］.武汉：华中师范大学，2011.

［36］刘远．我国治理金融犯罪的政策抉择与模式转换［J］.中国刑事法杂志，2010（7）：42-49.

［37］于志刚．网络犯罪与我国刑法应对［J］.中国社会科学，2010（3）.

［38］于志刚，李源粒．大数据时代数据犯罪的制裁思路［J］．中国社会科学，2014（10）：100-120.

［39］谢杰．"去中心化"互联网金融对经济刑法规范的影响及其应对——比特币关联犯罪的刑法解释［J］．犯罪研究，2015（2）：52-59.

［40］刘宪权．互联网金融时代证券犯罪的刑法规制［J］．法学，2015（6）：83-92.

［41］吴文嫔，张启飞．论互联网金融创新刑法规制的路径选择——以非法集资类犯罪为视角［J］．中国检察官，2015（11）：38-41.

［42］张智辉．试论网络犯罪的立法完善［J］．北京联合大学学报（人文社会科学版）．2015（2）.

［43］苗强．互联网金融犯罪的防控制度探析［D］．南宁：广西师范大学，2016.

［44］闻志强，杨亚南．互联网金融的行政监管与刑法规制——以非法集资类违法犯罪行为为视角［J］．刑法论丛，2017，50（2）：45-69.

［45］郭健文．互联网金融犯罪及刑法规制研究［D］．南京：南京大学，2017.

［46］陈致陶．互联网金融犯罪刑法治理规制探究［J］．法制与经济，2018（6）：166-167.

［47］晏子昂．网络安全法实施背景下的互联网经济犯罪研究［D］．昆明：云南财经大学，2018.

［48］陆岷峰，张盟．互联网金融背景下经济犯罪的理性审视与治理对策［J］．西南金融，2016（8）：8-12.

［49］陈兴蜀，曾雪梅，王文贤，邵国林．基于大数据的网络安全与情报分析［J］．工程科学与技术，2017，49（3）：1-12.

［50］刘丹，王雷．大数据时代互联网经济犯罪预警研究［J］．辽宁大学学报（哲学社会科学版），2018，46（4）：103-109.

［51］周韬．基于资金交易的金融领域犯罪团伙识别系统的设计与实现［D］．北京：北京邮电大学，2018.

［52］闻娜．基于大数据的互联网金融个人征信体系研究［D］．长春：吉林大学，2016.

［53］莫金兰．我国互联网金融信用体系法律制度研究［D］．南昌：江西财经大学，2016.

［54］谢一奇．作为治理工具的社会信用体系建设［D］．南京：南京大学，2017.

［55］庄永廉．运用网络新"枫桥经验"治理互联网犯罪——第二届网络新"枫桥经验"高峰研讨会综述［J］．人民检察，2018（3）：57-59．

［56］陈宝友，陈宏健．P2P 网络平台犯罪现象分析——以信用与信息为视角［J］．犯罪与改造研究，2018（6）：13-22．

［57］常振芳．互联网金融信用体系建设和风险管理研究［D］．南京：南京大学，2018．

［58］谭君．面向行业自律机制建设的 P2P 网络借贷市场监管策略研究［D］．成都：西南财经大学，2014．

［59］李鑫萍．互联网金融创新之法律监管［D］．济南：山东大学，2015．

［60］樊蓉．网络金融犯罪案件查办的难点与对策［J］．犯罪研究，2015（3）：90-96．

［61］黄辛，李振林．互联网金融犯罪的刑法规制［J］．人民司法，2015（5）：31-35．

［62］徐才淇．网络犯罪治理模式研究［D］．大连：大连海事大学，2017．

［63］马薇．跨区域互联网金融犯罪发展趋势与国际治理［J］．华侨大学学报（哲学社会科学版），2017（2）：101-112．

［64］戈亮，李文强．互联网发展的法治保障研究［J］．犯罪研究，2017（5）：108-112．

［65］何增科．我国治理评价体系框架初探［J］．北京行政学院学报，2008（5）：1-8+42．

［66］何增科．治理评价体系的国内文献述评［J］．经济社会体制比较，2008（6）：10-22．

［67］孟天广，杨明．转型期我国县级政府的客观治理绩效与政治信任——从"经济增长合法性"到"公共产品合法性"［J］．经济社会体制比较，2012（4）：122-135．

［68］严玲，邓娇娇，邓新位．公共项目治理评价的定量化研究［J］．工程管理学报，2014，28（3）：84-88．

［69］俞可平．关于国家治理评估的若干思考［J］．华中科技大学学报（社会科学版），2014，28（3）：1-2．

［70］史传林．社会治理中的政府与社会组织合作绩效研究［J］．广东社会科学，2014（5）：81-88．

［71］程灏，胡志明，刘旭然．基于因子分析和 ShapleyChoquet 积分的公共治理指数测算与实证分析［J］．青岛科技大学学报（社会科学版），2017，33（4）：73-77．

［72］卫梦婉．北京城市治理能力评价与提升研究［D］．北京：首都经济贸易大学，2017.

［73］王栋．社会组织参与第三方反腐评价与治理的整体性逻辑［J］．行政论坛，2017，24（6）：108-114.

［74］胡伟，龙庆华，钱茂，刘广兵．基于层次分析法的企业污水治理评价指标体系权重确定［J］．环境污染与防治，2014，36（2）：88-91.

［75］韩永辉，李青，邹建华．基于 GPCA 模型的我国省域生态文明治理评价研究［J］．数理统计与管理，2016，35（4）：603-613.

［76］张成虎，武博华．金融与技术创新视角下网络金融犯罪形成机理与治理策略［J］．西安交通大学学报（哲学与社会科学版），2019.

［77］埃格特森．新制度经济学［M］．北京：商务印书馆，1996：40.

［78］曹晓丽．公共项目利益相关者沟通机制研究［D］．天津：河北工业大学，2014.

［79］王芳．利益相关者与企业碳信息披露研究［D］．北京：中央财经大学，2016.

［80］吴建南，岳妮．利益相关性是否影响评价结果客观性：基于模拟实验的绩效评价主体选择研究［J］．管理评论，2007（3）：58-62.

［81］彭国甫，盛明科．政府绩效评估不同主体间的利益差异及其整合［J］．学习与探索，2008（5）：82-86.

［82］刘笑霞．论我国政府绩效评价主体体系的构建——基于政府公共受托责任视角的分析［J］．审计与经济研究，2011，26（3）：11-19.

［83］唐智彬．论现代治理视域下的高职教育质量第三方评价体系建设［J］．中国高教研究，2016（5）：63-67.

［84］张铭凯．第三方评价机构参与中小学生综合素质评价：可能、角色与运行［J］．教育发展研究，2014，33（20）：34-39.

［85］李春，王千．政府购买养老服务过程中的第三方评估制度探讨［J］．中国行政管理，2014（12）：38-42.

［86］郑方辉，邓霖，林婧庭．补助性财政政策绩效目标为什么会走样？——基于广东三项省级财政专项资金绩效第三方评价［J］．公共管理学报，2016，13（3）：122-134.

［87］沈珍瑶，杨志峰．灰关联分析方法用于指标体系的筛选［J］．数学的实践与认识，2002（5）：728-732.

［88］郑红蕾．农业项目经济评价方法缺陷分析与修正研究［D］．哈尔滨：东

北农业大学，2006.

[89] 李名威．土地治理项目绩效评价研究［D］．保定：河北农业大学，2014.

[90] 胡永宏．综合评价中指标相关性的处理方法［J］．统计研究，2002（3）：39-40.

[91] 罗豪才，吴领英．资本主义国家的宪法和政治制度［M］．北京：北京大学出版社，1983：58.

[92] 曾庆敏．精编法学辞典［M］．上海：上海辞书出版社，2000：244.

[93] 张书义．司法、纪检、监察工作用语比较词典［M］．北京：法律出版社，1993：111.

[94] 陆伦章．犯罪学［M］．上海：华东政法大学出版社，1985：355.

[95] 郑莉芳．犯罪与刑罚的心理对抗——兼谈刑罚配置的改革路径［J］．西南民族大学学报（人文社科版），2007（10）：114-117.

[96] 贾宇．死刑的理性思考与现实选择［J］．法学研究，1997（2）：40-50.

[97] 刘娜．刑罚威慑效能实证研究［D］．武汉：武汉大学，2014.

[98] 张健华．互联网金融监管研究［M］．北京：科学出版社，2016：204.

[99] 杨昌军．有限警务与"110"重构［J］．中国人民公安大学学报（社会科学版），2010，26（4）：40-46.

[100] 赵瑞鹏．P2P网贷平台犯罪预警系统在侦查中的应用研究［D］．中国人民公安大学，2017.

[101] 王志强．刑罚威慑的预防犯罪效应探析［J］．中国人民公安大学学报，2004（4）：127-133.

[102] 北京市朝阳区人民检察院侦查监督二处课题组，韩文山．对非法吸收公众存款犯罪的防范与遏制［J］．中国检察官，2013（17）：37-39.

[103] 黄增彪．尊法与信法——依法治国内在要素漫谈［J］．法制与社会，2007（1）：735-736.

[104] 曹源芳，袁秀文，张景菲．强监管下金融错配风险趋于收敛了吗？——基于互联网金融发展的视角［J］．经济问题，2019（10）：39-47.

[105] 欧阳日辉．互联网金融监管：自律、包容与创新［M］．北京：经济科学出版社，2015：126.

[106] 梁松．互联网金融监管行政法律制度构建必要性及因应之道［J］．行政管理改革，2019（8）：97-104.

[107] 岳森．我国互联网金融风险监管及治理体系建设研究［J］．技术经济与管理研究，2019（8）：91-95.

［108］李爱君．互联网金融的本质与监管［J］．中国政法大学学报，2016（2）：51-64．

［109］何剑锋．论我国互联网金融监管的法律路径［J］．暨南学报（哲学社会科学版），2016，38（1）：58-65，130-131．

［110］曾威．互联网金融竞争监管制度的构建［J］．法商研究，2016，33（2）：27-36．

［111］皮勇，汪恭政．网络金融平台不作为犯的刑事责任及其边界——以信息网络安全管理义务为切入点［J］．学术论坛，2018，41（4）：135-142．

［112］李冬昕，李心丹，肖斌卿．投资者经验、强化型学习与证券市场稳定［J］．南京社会科学，2011（1）：43-48．

［113］蔡玉卿．网格化管理视角下社会监督的逻辑、困境与超越［J］．行政论坛，2018，25（4）：43-48．

［114］崔浩．行政立法公众参与有效性研究［J］．法学论坛，2015，30（4）：145-151．

［115］顾爱平．公众参与地方立法的困境与对策［J］．江苏社会科学，2017（6）：106-114．

［116］李文莉，宋华健．投资性众筹的法律风险及其监管逻辑［J］．法律适用，2018（5）：53-58．

［117］潘静．互联网金融监管规则的完善——以美英国家为镜鉴［J］．河北经贸大学学报，2018，39（2）：63-70．

［118］刘艳平．互联网金融信息偏在的法律规制［EB/OL］．［2019-11-04］．http：//kns．cnki．net/ kcms/detail/44．1479．F．20190704．1147．004．html．

［119］裴久徵．论互联网金融的法律监管——评互联网金融法律与风险控制［J］．广东财经大学学报，2019，34（3）：113．

［120］薛然巍．大数据时代互联网保险消费者权益保护问题研究［J］．上海金融，2019（1）：78-83．

［121］郐俊．互联网金融消费者权益保护法律问题研究［J］．金融经济，2019（14）：64-66．

［122］单丹．网络非法集资案件侦查研究［D］．北京：中国人民公安大学，2018．

［123］杜航．互联网金融犯罪情报信息研判方法和对策［J］．辽宁警察学院学报，2018，20（1）：32-36．

［124］王超．金融犯罪之人工智能预防路径研究——以贷款诈骗风险智能建模

预测为分析路径 [J]．河南警察学院学报，2019，28（2）：27-33.

［125］孙涛，田光伟．"互联网+"背景下非法集资风险监测信息研判 [J]．江西警察学院学报，2019（3）：27-32.

［126］傅跃建，傅俊梅．互联网金融犯罪及刑事救济路径 [J]．法治研究，2014（11）：17-23.

［127］张昇，黄一宸．论如何提高公安机关的"小案"侦破效率 [J]．贵州警官职业学院学报，2017，29（5）：84-90.

［128］吴羽．金融犯罪的特点、原因与对策 [J]．大连海事大学学报（社会科学版），2018，17（4）：40-47.

［129］尹向明，王佳琪，魏磊．美国金融犯罪治理经验及启示 [J]．武汉金融，2019（5）：49-52.

［130］林喜芬，张弛．论我国金融检察专业化的体系构建 [J]．江淮论坛，2018（4）：69-77.

［131］吕颢．完善刑事监管促进互联网金融创新发展 [N]．检察日报，2017-08-07（003）.

［132］张英．互联网金融创新下的经济犯罪防控机制探究 [J]．暨南学报（哲学社会科学版），2018，40（8）：75-84.

［133］李振林．非法利用个人金融信息行为刑法规制强化论 [J]．华东政法大学学报，2019，22（1）：81-93.

［134］李霞．互联网金融犯罪的刑法应对 [J]．广西社会科学，2016（9）：113-116.

［135］高媛．互联网金融犯罪刑法治理的完善研究 [J]．延边大学学报（社会科学版），2018，51（1）：95-101，142-143.

［136］万毅，谢天．刑事诉讼涉案财物管理机制研究——以我国C市W区的改革实践为分析样本 [J]．人民检察，2016（17）：5-10.

［137］龙建平．刑事案件涉案财物处置机制研究 [J]．重庆行政（公共论坛），2017，18（3）：61-63.

［138］方柏兴．刑事涉案财物的先行处置 [J]．国家检察官学院学报，2018，26（3）：127-140.

［139］谢锐勤．涉众型经济犯罪中的涉案财物处置——以参与者的行动选择为视角 [J]．华南师范大学学报（社会科学版），2019（2）：149-156.

［140］谢勇，陈小杉．非法集资案件财物处置刑民交叉的规范路径 [J]．湘潭大学学报（哲学社会科学版），2019，43（2）：39-44.

［141］石魏，贾长森．涉众型经济犯罪实证分析及应对策略建构——以北京市近5年审理的385件案件为样本［J］．广东行政学院学报，2019，31（2）：53-61.

［142］朱家稷，徐晓飞，丁桦．互联网金融动态审计预警机制研究——以P2P网贷为例［J］．农村经济与科技，2016，27（17）：133-135.

［143］李兰英，张嵘，方晋晔等．网络涉众型经济犯罪的实证分析与应对举措——以福建省厦门市为例［J］．厦门大学法律评论，2019（1）：177-197.

［144］李腾．涉众型经济犯罪后果防范治理研究［J］．法制博览，2018（15）：207.

［145］崔仕绣．我国互联网金融领域的涉罪分析与刑法规制［J］．广西大学学报（哲学社会科学版），2018，40（4）：117-124.

［146］刘涛，尹晓春．关于网络查询、冻结被执行人存款的规定的理解与适用［J］．人民司法，2014（1）：47-49.

［147］束剑平．银行业金融机构协助人民检察院公安机关国家安全机关查询冻结工作规定的理解与适用［J］．江西警察学院学报，2015（4）：20-24.

［148］刘少军．金融性财产冻结的权益冲突与分配研究［J］．我国政法大学学报，2017（3）：103-117.

［149］北京市朝阳区人民检察院侦查监督二处课题组，韩文山．对非法吸收公众存款犯罪的防范与遏制［J］．中国检察官，2013（17）：37-39.

［150］张晋藩．秦汉时期的法律宣传［J］．人民法治，2018（11）：60-61.

［151］沈悦．普法思维应从"推销"向"营销"转变——基于法律营销的分析思路［J］．法制与社会，2015（19）：77-78.

［152］荣月．未成年人校园暴力犯罪的特征、原因及有效预防［J］．现代教育管理，2016（2）：124-128.

［153］杜金．故事、图像与法律宣传——以清代《圣谕像解》为素材［J］．学术月刊，2019，51（3）：109-122.

［154］高学敏．我国明清时期法律宣传对我国公众法律教育的影响和启示［J］．理论界，2014（4）：173-176.

［155］殷浩．P2P网贷平台非法集资犯罪及其对策研究——基于91份刑事裁判文书的分析［J］．上海公安学院学报，2019，29（4）：65-76.

［156］张晨，曹晓烨，李颖．老年金融消费者特殊权益保护研究——以上海市某区非法集资案件的小样本分析为视角［J］．上海公安高等专科学校学报，2017，27（6）：29-37.

［157］陆岷峰，徐阳洋．老年群体投资理财行为偏差及矫正措施研究［J］．吉

林师范大学学报（人文社会科学版），2019，47（5）：115-124.

[158] 王克稳．行政审批（许可）权力清单建构中的法律问题 [J]．中国法学，2017（1）：89-108.

[159] 陆岷峰，李蔚．关于金融准入及金融牌照审批体制改革研究 [J]．西南金融，2018（6）：3-8.

[160] 邢会强．金融监管措施是一种新的行政行为类型吗？ [J]．中外法学，2014，26（3）：730-746.

[161] 屈淑娟．地方金融监管权研究 [D]．重庆：重庆大学，2017.

[162] 杨海静，万国华．论证券市场公开承诺的监管 [J]．证券市场导报，2016（8）：64-78.

[163] 胡宗金．论行政处罚对互联网金融的规制界限——由天价罚单引发的思考 [J]．中国物价，2018（8）：26-29.

[164] 袁奥博．行政处罚如何影响银行业风险：理论机制与实证分析 [J]．金融监管研究，2018（9）：50-64.

[165] 范明珠，杨军．互联网金融征信滥用的法律规制问题研究 [J]．征信，2019，37（9）：39-44.

[166] 敬磊．行政处罚与刑事司法衔接机制研究——以涉嫌犯罪案件移交为视角 [J]．法制与社会，2015（10）：150-152.

[167] 彭艳霞，王爱平．行政处罚中渎职犯罪的解析与规制——以徇私舞弊不移交刑事案件的实证研究为视角 [J]．北京社会科学，2015（11）：89-95.

[168] 董邦俊，赵聪．强监管背景下互联网金融犯罪侦防研究——以 P2P 网贷为中心 [J]．湖北大学学报（哲学社会科学版），2019，46（5）：126-134.

[169] 明乐齐．互联网金融时代非法网贷的危害及其防控 [J]．江苏警官学院学报，2019，34（3）：45-52.

[170] 刘倩云．我国互联网金融信息披露制度研究 [J]．北京邮电大学学报（社会科学版），2016，18（4）：51-57.

[171] 姚海放．治标和治本：互联网金融监管法律制度新动向的审思 [J]．政治与法律，2018（12）：12-22.

[172] 杨宏芹，王兆磊．互联网金融监管的难点和突破 [J]．上海商学院学报，2014，15（2）：17-22.

[173] 颜凌云．金融投资者差异化保护制度研究 [D]．南昌：江西财经大学，2017.

[174] 于寒．互联网理财投资者权益保护问题研究 [J]．南方金融，2014

（8）：88-92.

[175] 常秀娇，张志富．私募基金与非法集资犯罪的法律边界 [J]．南都学坛，2017，37（4）：77-83.

[176] 潘静，沈新鸿，蔡惠峰．"互联网金融"非法集资案件特征及监管研究 [J]．合作经济与科技，2019（8）：186-187.

[177] 李苍舒．我国新金融业态的风险源及防控对策 [J]．东南学术，2019（1）：93-101.

[178] 刘昕．潜在举报人伦理困境研究 [D]．长春：吉林大学，2015.

[179] 杜治洲，李亚哲．信访数据的廉政评价功能与方法研究 [J]．信访与社会矛盾问题研究，2017（6）：2-9.

[180] 刘传红，王春淇．社会监督创新与"漂绿广告"有效监管 [J]．中国地质大学学报（社会科学版），2016，16（6）：90-97.

[181] 林晚发．债券市场政府监管与社会监督效率比较研究 [D]．北京：中央财经大学，2015.

[182] 张一林，雷丽衡，龚强．信任危机、监管负荷与食品安全 [J]．世界经济文汇，2017（6）：56-71.

[183] 朱健齐，陈英杰．两岸互联网金融犯罪法律规制探析——兼以两岸非金融机构（电子）支付管理规则为核心 [J]．云南社会科学，2016（5）：125-130.

[184] 任怡．维稳视角下涉众型经济犯罪整体防控研究 [J]．政法学刊，2015，32（1）：18-22.

[185] 王晓东．论涉众型经济犯罪案件中的维权——以与维稳的衡平为视角 [J]．法学论坛，2017，32（5）：77-82.

[186] 蔡道通．政府法治：全民守法意识形成的关键 [J]．苏州大学学报（哲学社会科学版），2015，36（1）：50-53.

[187] 李娜．守法社会的建设：内涵、机理与路径探讨 [J]．法学家，2018（5）：15-28.

[188] 宋程程．大学生金融风险防范与金融素养培养问题浅谈——基于郑德幸校园贷悲剧的个案研究 [J]．时代金融，2016（15）：352.

[189] 周君君．大学生对"校园贷"风险的认知与防范现状调查——来自上海、河南两地区的数据及其比较分析 [J]．预防青少年犯罪研究，2017（4）：96-109.

[190] 吴明隆．结构方程模型-AMOS实务进阶 [M]．重庆：重庆大学出版社，2013.

[191] 吴明隆．结构方程模型-AMOS的操作与应用（第2版）[M]．重庆：重

庆大学出版社，2010.

［192］Gottschalk P. Categories of financial crime ［J］. Journal of financial crime, 2010, 17 （4）: 441-458.

［193］United Nations Office on Drugs, Crime. World drug report 2010 ［R］. United Nations Publications, 2010.

［194］Eurpean Commission. Towards a general policy on the fight against cyber crime ［R］. 2007.

［195］Anderson R, Barton C, Böhme R, et al. Measuring the cost of cybercrime ［M］. The economics of information security and privacy. Springer, Berlin, Heidelberg, 2013: 265-300.

［196］European Central Bank. Fourth report on card fraud ［R］. 2016.

［197］Anderson R J. Security engineering: a guide to building dependable distributed systems ［M］. Indianapolis: Wiley Publishing, 2008.

［198］Böhme R, Christin N, Edelman B, et al. Bitcoin: Economics, technology, and governance ［J］. Journal of Economic Perspectives, 2015, 29 （2）: 213-38.

［199］Armin J, Thompson B, Ariu D, et al. 2020 cybercrime economic costs: No measure no solution ［C］. Availability, reliability and security （ares）, 2015 10th international conference on. IEEE, 2015: 701-710.

［200］van Wegberg R S, Klievink A J, van Eeten M J G. Discerning novel value chains in financial malware ［J］. European Journal on Criminal Policy and Research, 2017, 23 （4）: 575-594.

［201］Lieber E, Syverson C. Online versus offline competition ［J］. The Oxford handbook of conomy, 2012: 189.

［202］Kuksov D. Buyer search costs and endogenous product design ［J］. Marketing Science, 2004, 23 （4）: 490-499.

［203］UK online fraud report ［R］. 2012.

［204］Kalapesi C, Willersdorf S, Zwillenberg P. The Connected Kingdom: how the Internet is transforming the UK economy ［J］. Boston, MA: Boston Consulting Group, 2010.

［205］Moore T, Clayton R. Examining the impact of website take-down on phishing ［C］. Proceedings of the anti-phishing working groups 2nd annual eCrime researchers summit. ACM, 2007: 1-13.

［206］Florêncio D, Herley C. Evaluating a trial deployment of password re-use for phishing prevention [C]. Proceedings of the anti-phishing working groups 2nd annual eCrime researchers summit. ACM, 2007: 26-36.

[207] Snow G M. Cyber security: Threats to the financial sector [J]. Federal Bureau of Investigation, 2013.

[208] Mohaisen A, Alrawi O. Unveiling zeus: automated classification of malware samples [C]. Proceedings of the 22nd International Conference on World Wide Web. ACM, 2013: 829-832.

[209] Guitton C, Korzak E. The sophistication criterion for attribution: Identifying the perpetrators of cyber-attacks [J]. The RUSI Journal, 2013, 158 (4): 62-68.

[210] Thomas R, Ligh M. Method and system for automatic detection and analysis of malware: U. S. Patent 9, 245, 114 [P]. 2016-01-26.

[211] Mohaisen A, Alrawi O, Mohaisen M. Amal: High-fidelity, behavior-based automated malware analysis and classification [J]. Computers & Security, 2015 (52): 251-266.

[212] Watson M R, Marnerides A K, Mauthe A, et al. Malware detection in cloud computing infrastructures [J]. IEEE Transactions on Dependable and Secure Computing, 2016, 13 (2): 192-205.

[213] Rantos K, Markantonakis K. Analysis of potential vulnerabilities in payment terminals [M]. Secure smart embedded devices, platforms and applications. Springer, New York, NY, 2014: 311-333.

[214] Bradbury D. Why we need better ATM security [J]. Engineering & Technology, 2016, 11 (1): 32-35.

[215] Scaife N, Peeters C, Traynor P. Fear the reaper: characterization and fast detection of card skimmers [C]. 27th Security Symposium Security 18. 2018: 1-14.

[216] The Nilson Report [R]. 2017.

[217] Nachenberg C S. IP-based blocking of malware: U. S. Patent 8, 756, 691 [P]. 2014-06-17.

[218] Howard F, Komili O. Poisoned search results: How hackers have automated search engine poisoning attacks to distribute malware [J]. Sophos Technical Papers, 2010: 1-15.

[219] Stone-Gross B, Abman R, Kemmerer R A, et al. The underground economy of fake antivirus software [M]. Economics of information security and privacy III. Springer, New York, NY, 2013: 55-78.

[220] Rector R, Richwine J. The fiscal cost of unlawful immigrants and amnesty to the US taxpayer [M]. Washington: Heritage Foundation, 2013.

[221] Rendon J M, Rendon R G. Procurement fraud in the US Department of Defense: Implications for contracting processes and internal controls [J]. Managerial Auditing Journal, 2016, 31 (6/7): 748-767.

[222] Mosher J, Hermer J. Welfare fraud: The constitution of social assistance as crime [J]. Constructing crime: Contemporary processes of criminalization, 2010: 17-52.

[223] Lefebvre M, Pestieau P, Riedl A, et al. Tax Evasion, Welfare Fraud, and "The Broken Windows" Effect: An Experiment in Belgium, France and the Netherlands [J]. 2011.

[224] Marriott L. Justice and the justice system: A comparison of tax evasion and welfare fraud in Australia and New Zealand [J]. Griffith Law Review, 2013, 22 (2): 403-429.

[225] Silva S S C, Silva R M P, Pinto R C G, et al. Botnets: A survey [J]. Computer Networks, 2013, 57 (2): 378-403.

[226] Saad O, Darwish A, Faraj R. A survey of machine learning techniques for Spam filtering [J]. International Journal of Computer Science and Network Security (IJCSNS), 2012, 12 (2): 66.

[227] Haddadi H. Fighting online click-fraud using bluff ads [J]. ACM SIGCOMM Computer Communication Review, 2010, 40 (2): 21-25.

[228] Hunton P. Data attack of the cybercriminal: Investigating the digital currency of cybercrime [J]. Computer Law & Security Review, 2012, 28 (2): 201-207.

[229] Hui K L, Kim S H, Wang Q H. Cybercrime deterrence and international legislation: evidence from distributed denial of service attacks [J]. Mis Quarterly, 2017, 41 (2): 497.

[230] Birajdar M N D, Dhuppe M M N, Hegade M T M, et al. Review Paper On Adware Detection Using Instruction Sequence Generation [J]. International Journal of Engineering and Techniques, 2015, 1 (6).

[231] Akerlof G A, Shiller R J. Phishing for phools: The economics of manipulation and deception [M]. Princeton: Princeton University Press, 2015.

[232] Candella G J, Cass J D, Kelland K. Method and system for detecting identity theft in non-personal and personal transactions: U. S. Patent 7, 801, 828 [P]. 2010-09-02.

［233］ Government H. M. A Strong Britain in an Age of Uncertainty：The National Security Strategy［R］. London Stationary Office，2010.

［234］ Tomasic R. The financial crisis and the haphazard pursuit of financial crime ［J］. Journal of Financial Crime，2011，18（1）：7-31.

［235］ Lagazio M，Sherif N，Cushman M. A multi-level approach to understanding the impact of cyber crime on the financial sector ［J］. Computers & Security，2014（45）：58-74.

［236］ Frunza M C. Introduction to the Theories and Varieties of Modern Crime in Financial Markets ［M］. Salt Lake City：Academic Press，2015.

［237］ Frunza M C. Solving Modern Crime in Financial Markets：Analytics and Case Studies ［M］. Salt Lake City：Academic Press，2015.

［238］ Calderoni F. The analysis and containment of organized crime and transnational organized crime：an interview with Ernesto U. Savona ［J］. Trends in Organized Crime，2015，18（1-2）：128-142.

［239］ Frunza M C. Introduction to the Theories and Varieties of Modern Crime in Financial Markets ［M］. Amsterdam：Elsevier，2016：207-220.

［240］ Chawki M，Darwish A，Khan M A，et al. Cybercrime：introduction，motivation and methods ［M］. Cybercrime，Digital Forensics and Jurisdiction. Springer，Cham，2015：3-23.

［241］ Bhavna Arora. Cyber Crimes Schemes and Behaviors ［J］. Perspectives in Science，2016.

［242］ Ibrahim S. Social and contextual taxonomy of cybercrime：Socioeconomic theory of Nigerian cybercriminals ［J］. International Journal of Law，Crime and Justice，2016（47）：44-57.

［243］ Van Wegberg R S，Klievink A J，van Eeten M J G. Discerning novel value chains in financial malware ［J］. European Journal on Criminal Policy and Research，2017，23（4）：575-594.

［244］ Gottschalk P. Convenience triangle in white-collar crime：Case studies of relationships between motive，opportunity，and willingness ［J］. International Journal of Law，Crime and Justice，2018.

［245］ Government H. M. The UK Cyber Security Strategy：Protecting and promoting the UK in a digital world ［R］. London Stationary Office，2011.

［246］ Awan I，Blakemore B. Policing Cyber Hate ［J］. Cyber Threats and

Cyber, 2012.

[247] D'Souza J. Terrorist financing, money laundering, and tax evasion: Examining the performance of financial intelligence units [M]. Leesburg: CRC Press, 2011.

[248] Berman K, Knight J. Financial intelligence, revised edition: A manager's guide to knowing what the numbers really mean [M]. Brighton: Harvard Business Review Press, 2013.

[249] Maconachie R, Hilson G. Ebola and alluvial diamond mining in West Africa: Initial reflections and priority areas for research [J]. The Extractive Industries and Society, 2015, 2 (3): 397-400.

[250] Andrew Staniforth. Cyber crime and cyber terrorism investigator's handbook [M]. New York: Syngress, 2014.

[251] Holzenthal F. Five trends shaping the fight against financial crime [J]. Computer Fraud & Security, 2017 (3): 5-9.

[252] Yerjanov T K, Baimagambetova Z M, Seralieva A M, et al. Legal Issues Related to Combating Cybercrime: Experience of the Republic of Kazakhstan [J]. Journal of Advanced Research in Law and Economics, 2017 (8): 2286-2301.

[253] E. A. Kirillova et al. Problems of Fighting Crimes on the Internet [J]. Journal of Advanced Research in Law and Economics 2017, 8, (3): 849-856.

[254] Uppiah V. A critical examination of the regulation of ponzi scheme in Mauritius [J]. International Journal of Law and Management, 2018 (just-accepted).

[255] Diane J Cook, Lawrence B Holder. Mining graph data [M]. New Jersey: John Wiley & Sons publication, 2006.

[256] Tang L, Barbier G, Liu H, et al. A social network analysis approach to detecting suspicious online financial activities [C]. International Conference on Social Computing, Behavioral Modeling, and Prediction. Springer, Berlin, Heidelberg, 2010: 390-397.

[257] Batagelj V, Brandenburg F J, Didimo W, et al. Visual analysis of large graphs using (x, y) - clustering and hybrid visualizations [J]. IEEE transactions on visualization and computer graphics, 2011, 17 (11): 1587-1598.

[258] Didimo W, Montecchiani F. Fast layout computation of clustered networks: Algorithmic advances and experimental analysis [J]. Information Sciences, 2014 (260): 185-199.

[259] Didimo W, Liotta G, Montecchiani F. Network visualization for financial

crime detection [J]. Journal of Visual Languages & Computing, 2014, 25 (4): 433-451.

[260] Kou Y, Lu C T, Sirwongwattana S, et al. Survey of fraud detection techniques [C]. Networking, sensing and control, 2004 IEEE international conference on. IEEE, 2004 (2): 749-754.

[261] Phua C, Lee V, Smith K, et al. A comprehensive survey of data mining-based fraud detection research [J]. arXiv preprint arXiv: 1009.6119, 2010.

[262] Ahmed M, Mahmood A N, Islam M R. A survey of anomaly detection techniques in financial domain [J]. Future Generation Computer Systems, 2016 (55): 278-288.

[263] Abdallah A, Maarof M A, Zaninal A. Fraud detection system: A survey [J]. Journal of Network and Computer Applications, 2016 (68): 90-113.

[264] Adewumi A O, Akinyelu A A. A survey of machine-learning and nature-inspired based credit card fraud detection techniques [J]. International Journal of System Assurance Engineering and Management, 2017, 8 (2): 937-953.

[265] Polanyi M. The logic of liberty: Reflections and rejoinders [M]. London: Routledge, 2013.

[266] Ostrom E. Governing the commons: The evolution of institutions for collective action [M]. Cambridge: Cambridge university press, 1990.

[267] McGinnis M D. Polycentricity and local public economies: Readings from the workshop in political theory and policy analysis [M]. Ann Arbor: University of Michigan Press, 1999.

[268] McGinnis M D. Polycentric governance and development: readings from the workshop in political theory and policy analysis [M]. Ann Arbor: University of Michigan Press, 1999.

[269] Peters B G. The future of governing: Four emerging models [M]. University Press of Kansas, 1996.

[270] Pouryousefi S, Frooman J. The problem of unilateralism in agency theory: towards a bilateral formulation [J]. Business Ethics Quarterly, 2017, 27 (2): 163-182.

[271] Ross S A. The economic theory of agency: The principal's problem [J]. The American Economic Review, 1973, 63 (2): 134-139.

[272] Jensen M C, Meckling W H. Theory of the firm: Managerial behavior, agency costs and ownership structure [J]. Journal of financial economics, 1976, 3 (4):

305-360.

[273] Penrose E, Penrose E T. The Theory of the Growth of the Firm [M]. Oxford: Oxford university press, 2009.

[274] Freeman R E. Strategic management: A stakeholder approach [M]. Cambridge: Cambridge university press, 2010.

[275] Clarkson M E. A stakeholder framework for analyzing and evaluating corporate social performance [J]. Academy of management review, 1995, 20 (1): 92-117.

[276] Mitchell R K, Agle B R, Wood D J. Toward a theory of stakeholder identification and salience: Defining the principle of who and what really counts [J]. Academy of management review, 1997, 22 (4): 853-886.

[277] Wheeler D, Sillanpa M. Including the stakeholders: The business case [J]. Long Range Planning, 1998, 31 (2): 201-210.

[278] J. Charkham. Corporate Governance: Lesson from Abroad [J]. European Business Journal, 1992, 4 (2): 8-16.

[279] Frank P, Marylin D. Criminology Theory [M]. New York: Routledge, 2015.

[280] Bentham J. An introduction to the principles of morals [M]. London: Athlone, 1971.

[281] Nunnally J C. Psychometric theory 3E [M]. Tata McGraw-Hill Education, 1994.